PUHUA BOOKS

我
们
一
起
解
决
问
题

数字化转型实践丛书

数字产业化

刘权　李立雪　孙小越◎著

新基建激发
数字经济发展新动能

人民邮电出版社
北　京

图书在版编目（CIP）数据

数字产业化：新基建激发数字经济发展新动能 / 刘权，李立雪，孙小越著. -- 北京：人民邮电出版社，2023.2（2023.7重印）
（数字化转型实践丛书）
ISBN 978-7-115-60754-6

Ⅰ. ①数… Ⅱ. ①刘… ②李… ③孙… Ⅲ. ①信息经济－产业发展－研究 Ⅳ. ①F490.3

中国版本图书馆CIP数据核字(2022)第252284号

内 容 提 要

数字产业化是数字经济建设的重要组成部分。"十三五"时期，我国深入实施数字经济发展战略，推进数字产业化取得了积极成效。那么，什么是数字产业化？有哪些新兴核心技术在推动数字产业化的发展？数字产业化如何变革新基建，其发展中存在哪些问题及新增长点？我们对这些问题需要有清晰、深刻的认识。

本书共6章。第1章详细介绍了数字产业化的内涵、分类、演进及其对数字经济发展的作用；第2章介绍了推动数字产业化发展的新兴核心技术，包括云计算、人工智能、区块链、虚拟现实与增强现实等；第3章从通信网络基础设施、算力基础设施、新技术基础设施三方面，介绍了数字产业化对新基建的变革作用；第4章从传统信息技术产业、新兴信息技术产业、数字资产及相关服务业三方面介绍了数字产业化发展的现状，并分析了其发展过程中可能产生的问题；第5章从数字资产、数字孪生和数字内容三方面解读了数字产业化发展的新增长点；第6章提出了促进数字产业化健康发展的建议。总之，本书内容全面、观点独到，能够为读者深入研究数字产业化提供指导。

本书适合政府机构产业政策制定者、数字经济研究者、行业从业者及高等院校相关专业的师生阅读。

◆　　著　　刘　权　李立雪　孙小越
　　　责任编辑　张国才
　　　责任印制　彭志环
◆　人民邮电出版社出版发行　　北京市丰台区成寿寺路 11 号
　　邮编 100164　电子邮件 315@ptpress.com.cn
　　网址 https://www.ptpress.com.cn
　　北京七彩京通数码快印有限公司印刷
◆　开本：700×1000　1/16
　　印张：13　　　　　　　　　　2023 年 2 月第 1 版
　　字数：150 千字　　　　　　　2023 年 7 月北京第 2 次印刷

定　价：69.00 元

读者服务热线：（010）81055656　印装质量热线：（010）81055316
反盗版热线：（010）81055315
广告经营许可证：京东市监广登字20170147号

推荐序

数字经济是以数据为关键生产要素，基于新一代数字技术，实现资源优化配置的高级经济形态。近年来，我国数字经济蓬勃发展，已成为促进经济社会高质量发展的重要引擎，在国民经济中的地位更加稳固，支撑作用更加明显。我国数字经济增长速度全球领先，数字经济作为国民经济的"稳定器""加速器"，其作用日益凸显。

《中共中央关于制定国民经济和社会发展第十四个五年规划和二〇三五年远景目标的建议》提出，加快数字化发展，发展数字经济，推进数字产业化和产业数字化，推动数字经济和实体经济深度融合，打造具有国际竞争力的数字产业集群。2022 年的《政府工作报告》中指出，要加快发展工业互联网，培育壮大集成电路、人工智能等数字产业，提升关键软硬件技术创新和供给能力，完善数字经济治理，培育数据要素市场，释放数据要素潜力，提高应用能力，更好赋能经济发展、丰富人民生活。

刘权博士领衔创作的《数字产业化：新基建激发数字经济发展新动能》一

书对数字产业化发展进行了全面而系统的介绍，这是他的团队在数字经济领域深耕多年的又一力作。

第一，本书对我国数字产业化发展的背景进行了深刻解读，包括产业化的基本特征和阶段划分、数字产业化相关概念、数字产业化的演进及意义等，并且重点分析了数字产业化如何激发数字经济发展新动能。

第二，本书对云计算、人工智能、区块链、虚拟现实与增强现实等新兴核心技术和通信网络基础设施、算力基础设施、新技术基础设施等进行了阐述，展现了数字技术和新基建对数字产业化发展的促进作用。

第三，本书介绍了传统信息技术产业、新兴信息技术产业和数字资产及相关服务业的发展现状，同时也剖析了数字产业化发展过程中可能存在的问题。

第四，本书还对数字产业化发展的新增长点——数据要素产业进行了详细的解读，梳理了数字资产、数字孪生及数字内容市场的应用情况，并为促进数字产业化健康发展提出了建设性意见和建议。

《数字产业化：新基建激发数字经济发展新动能》一书，对数字产业化发展的三大主力产业进行了全面而详细的探讨，对我国加速释放数据要素价值、把握数字经济发展机遇具有重要促进作用。在数字经济地位愈加显著、数字产业上升到国家战略的关键时期，我们期待本书的研究成果能够为数字经济发展注入强劲的动力！

中国工程院院士

2022 年 12 月 7 日

前　言

数字经济已经成为引导全球经济变革的动力之源。习近平总书记强调"要发展数字经济，加快推动数字产业化，依靠信息技术创新驱动，不断催生新产业新业态新模式，用新动能推动新发展"。当前，我国已全面进入数字经济时代，数字产业化作为数字经济的重要组成部分，以及当前和今后一个时期各地区产业竞争和经济比拼的主阵地，既是激发数字经济活力的重要途径，也是促进我国经济转型和高质量发展的必由之路。为聚焦数字经济发展重点、强化相关基础设施建设，我们写作了《数字产业化：新基建激发数字经济发展新动能》这本书。本书分为数字产业化背景、推动数字产业化发展的新兴核心技术、数字产业化变革新基建、数字产业化的发展现状及问题、数字产业化发展的新增长点、促进数字产业化健康发展的建议六章。

当前，我国正处在历史性窗口期和战略性机遇期，经济社会发展处在新旧动能转换的重要关口。因此，深入研究数字产业化，对我国加快发展数字经济、推动经济高质量发展具有十分重要的意义。本书从数字产业化的背景出发，逐层深入到数字产业发展的技术领域，分析了我国当前数字产业化发展的现状，也相应地提出了数字产业化发展目前存在的一些问题，并将数字资产及相关服务业作为数字产业化未来发展的新增长点，提出了促进我国数字产业化健康发展的几条建议。

参与本书写作的人员还有王伟洁、郝依然、李宜谦、黄忠义、吴曼迪、胡家菁等，他们通过资料分析和实地调研的方式了解我国数字产业化的发展现状，提出了自己的见解。由于书中涉及的技术范畴宽泛，涵盖行业领域较多，写作时间跨度大，过程中难免出现一些疏漏，敬请读者批评指正。

目 录

第 1 章

数字产业化背景

进入数字经济时代以来，世界经济发生了全方位、革命性的变化，数字经济成为引导全球经济变革、促进各国经济稳步发展的压舱石。数字产业化作为数字经济的主基调，是带动我国经济高质量发展、激发我国数字经济新动能的重要推动力。2021—2025年是推动数字经济高质量发展的加速期，深度布局数字产业化势在必行。

1.1　产业化带动经济高质量发展

在市场经济与行业需求的导向下，产业以实现收益为目标，形成了规范化的经营模式，即产业化。一般来说，产业化的生命周期分为四个阶段，分别为导入阶段、发展阶段、稳定阶段和动荡阶段。对这一周期的理解，对于产业组织结构的建立、产业结构的优化及产业的合理布局有着重要意义。

1.1.1　产业化的基本特征

产业化的概念是从产业的概念发展而来的。要理解产业化的含义，我们需要从"产业"和"化"两个角度进行分析。

产业是社会分工的产物，随着社会分工的出现而出现，随着社会的发展而发展。具体地说，产业是指具有某类共同属性的企业经济活动的集合，它不是某一家企业或部分企业的某些或所有经济活动，而是指具有某种同一属性的企业经济活动的总和。一个产业可以由一家企业或多家企业（例如，在独家垄断和双头垄断的市场条件下）的同类经济活动组成；一家企业不只从事单项单一经济活动，而可能从事多种类型相关的经济活动，即从事多产业（或跨行业）经营。产业作为经济单位，并不属于宏观经济所指的国民经济或者微观经济所指的企业经济活动或居民消费行为，而是介于宏观经济和微观经济之间，属于

3

中观经济。随着社会生产力水平的不断提高，产业的内涵不断充实，其外延也在不断扩展。产业的含义从重农学派流行时期的专指农业，扩展到资本主义工业高度发展时期主指工业，发展到近代以后可以包括农业、工业、服务业三大产业及其各细分产业。如今，凡是具备投入与产出相关活动的部门均可列为产业的范畴，如物质资料部门与非物质资料部门（服务、信息、知识等）的生产流通和服务活动。

《现代汉语词典》对"化"的释义是"用在名词或形容词后，表示转变成某种性质或状态"。在现实生活中，"化"不但包括从一种性质或状态转变成另一种性质或状态，也包括从较少具有这种性质或状态逐渐发展到较多具有这种性质或状态。

因此，产业化是指某种产业在市场经济条件下，以行业需求为导向，以实现效益为目标，依靠专业服务和质量管理形成的系列化、品牌化的经营方式及组织形式。产业化可以涉及各个行业，如农业、林业、渔业、制造业、建筑业、金融业及通信业等。

产业化的内涵可以从产业的市场化和规模化两个角度进行理解。市场化一般包括市场机制作用的程度和范围两个方面。因此，从市场机制作用的程度来说，产业化包括市场机制对形成产业的产品、服务及活动从不发挥作用到充分发挥作用的过程。从市场机制作用的范围来说，产业化包括市场机制对形成产业的产品、服务及其活动从不发挥作用到所有范围都发挥作用的发展过程。在规模上，产业化包括市场机制作用下的产品、服务或其活动从无规模到充分规模（包括从小规模到较大规模）的发展过程。因此，产业化的完整内涵既包括产业化的结果，也包括产业化的转变过程。这种过程包括从程度上的较低层次到较高层次、从范围上的较小范围到较大范围、从规模上的较小规模到较大规模的发展过程。

1.1.2　产业化的阶段划分

产业化即产业的整个生命周期，这一过程分为四个阶段，分别为产业化导入阶段、产业化发展阶段、产业化稳定阶段及产业化动荡阶段。

（1）产业化导入阶段

产业化导入阶段是产业发展的初始阶段。该阶段会进行产业技术研究并形成产业生产技术，主要包括产品研发、产品化及产品商品化等过程。在该阶段，产品设计处于起步阶段，并且设计工艺组织相对松散，整个产业需要人力、财力及物力的大规模投入。因此，该阶段主要依托政府与其他相关企业的支持，其主要特征是促进了人们思想理念的转变。由于该阶段是产业初始阶段，只存在先进的理念和样品，并不存在最终的产品形态，也就无利润产生，并不会对国民经济的发展产生贡献。

（2）产业化发展阶段

产业化发展阶段是企业全面开展生产并进行商业运作的初级阶段，分为小规模生产和大规模生产两个阶段。在小规模生产阶段，产品开始进入市场，市场的需求开始增长；进入市场的企业也开始增加，但整个产业并未实现盈利；少部分企业形成小批量生产，但生产和销售的成本较高，且品类相对单一。在该阶段中，由于对厂房、流水线等基础设施的投入，整体产业处于亏损阶段，对国民经济的贡献为负数，相应的配套设施不能跟上。例如，电动汽车从零部件的生产到整车生产，最终到产品的维修全部由一家企业集团完成，并没有形成社会化的分工和服务体系，企业承担的成本居高不下，同时充电站、售后服务体系脱节，几乎没有维修电动汽车的企业等。因此，该阶段企业的主要任务是让社会接受该产品，并打造先发优势和品牌效应。由于基础建设的投资主要集中在小规模生产阶段，进入大规模生产阶段后，随着生产水平的提高，行业标准体系初步形成，市场开始走向成熟阶段，产业也开始从亏损向盈利转变。因此，当产业进入产业化发展阶段后，产品的形态有了雏形，产品的设计趋于稳定，生产过程不再松散，逐步形成了产品社会化分布，产业链也开始形成，产业开始盈利。

（3）产业化稳定阶段

产业化稳定阶段是产业化的成熟阶段。该阶段是一个相对较长的时期，随着产业的不断发展，由于分工的专业化和区域化，形成了产业群链结合的发展模式。在这一阶段中，整个产业全面盈利，生产规模依旧保持增长的态势。

（4）产业化动荡阶段

产业化动荡阶段是指随着新兴技术或产业开始崛起，旧的产业机制逐渐不再适应市场，生产规模开始减小，利润降低，企业开始收缩规模或退出市场竞争的阶段。在这一阶段中，市场竞争加剧，从国内市场向国外市场蔓延，效益不好的企业逐步被产业淘汰，效益好的企业也开始缩减生产规模，布局新兴技术与产品，原来的产业体系处在动荡之中。

1.1.3　加速产业化的重要价值

产业化包括产业的整个生命周期，不仅涵盖产业的生长过程，也包括整个产业和国民经济的进化过程。该过程包括某一产业中企业数量、产品数量或服务质量的变化，也包括产业结构的调整、变化、更替和产业主导位置的变化，并且以结构变化为核心，以产业结构优化为发展方向。

（1）产业化发展有利于建立有效的产业组织结构

产业组织的内部结构不仅影响产业内企业规模经济优势的发挥和竞争活力的释放，还会影响整个产业的发展。通过产业化发展的研究，可以比较不同市场结构、企业规模的优劣，探求过度竞争或有效竞争不足的形成途径及消除方式，并发现规模经济的形成原因及特点，从而找出最有利于生产要素合理配置的市场秩序及产业组织结构，并结合不同的产业制定正确的产业组织政策。

（2）产业化发展有利于产业结构的优化

产业结构的合理均衡是国民经济健康发展的前提，同时也是国民经济迅速发展的必由之路。通过产业化发展的研究，可以寻求产业结构不合理的原因，并以此制定有效的产业结构政策，同时对产业结构进行优化调整。产业化发展的研究有助于探寻产业升级的规律，利用合理的产业政策加以保护和扶持，实现产业结构向更高水平演进，增强整体产业的国际竞争力，促进经济的发展。

（3）产业化发展有利于产业的合理布局

产业的合理布局有利于各地区充分发挥各自的比较优势和地域优势，最大限度地发挥整个国家的经济建设能力，实现经济的快速发展。产业化发展的相关研究可以探求产业布局的影响因素和一般规律，并据此制定正确的产业布局政策，将产业布局与各地区的资源优势、区域分工相结合，把产业布局在最有利于优势发挥的地区。

1.2 数字产业化相关概念

数字产业化作为数字经济发展的重要阵地，是驱动数字经济发展的重要源泉。本节从数字产业化的内涵和分类出发，详细阐述了数字产业化的相关概念，为后续其他内容的展开打下了理论基础。

1.2.1 数字产业化的内涵

2021 年 3 月 13 日发布的《中华人民共和国国民经济和社会发展第十四个五年规划和二〇三五年远景目标纲要》中强调"加快数字化发展，建设数字中国"，其中第 15 章"打造数字经济新优势"的第 2 节指出要加快推动数字产业化，具体包括"培育壮大人工智能、大数据、区块链、云计算、网络安全等新兴数字产业，提升通信设备、核心电子元器件、关键软件等产业水平。构建基于 5G 的应用场景和产业生态，在智能交通、智慧物流、智慧能源、智慧医疗等重点领域开展试点示范。鼓励企业开放搜索、电商、社交等数据，发展第三方大数据服务产业，促进共享经济、平台经济健康发展"。

目前并没有数字产业化的官方定义，中国信息通信研究院认为数字产业化即信息通信产业，是数字经济发展的先导产业，为数字经济发展提供技术、产品、服务和解决方案等，具体包括电子信息制造业、电信业、软件和信息技术服务业及互联网行业等。数字产业化包括但不限于 5G、集成电路、软件、人工智能、大数据、云计算、区块链等技术、产品及服务。基于当前的研究，我们对数字产业化做出以下定义：数字产业化是通过对数字技术的创新应用，将数字化的知识和信息转化为生产要素，创新数字产品生产和科技成果转化，推动形成数字产业和产生经济新业态的过程。

1.2.2 数字产业化相关部分分类

关于数字产业化相关部分分类的研究，目前主要有以下几种。

⊃ 经济合作与发展组织的相关统计分类

为了实现对数字经济的准确测度，经济合作与发展组织提出了数字经济卫星账户的概念框架，对相关行业进行了概念上的区分。经济合作与发展组织建议按其核心经济活动将企业划分为六个不同的类别，分别为数字驱动行业、数字中介平台、电子零售商、其他数字业务行业、依赖中介平台的行业及其他相关行业。其中，数字驱动行业类似于国际标准产业分类中的 ICT 产业，该产业生产的产品旨在通过传输和显示等电子方式实现信息处理和通信的功能，具体包括 ICT 制造业、ICT 服务业和 ICT 贸易行业。数字中介平台可通过中介的服务性质来识别（如住宿数字中介平台、交通数字中介平台）。其他数字业务行业包括基于网络的搜索引擎、社交网络和协作平台及提供订阅基础内容的数字业务。依赖中介平台的行业包括一些在很大程度上依赖中介平台开展活动的企业。其他行业包括前五个类别中未涵盖的所有其他数字经济相关企业。

⊃ 应用基础结构软件公司的相关统计分类

应用基础结构软件公司将数字经济产业分为三个大类：数字化赋能基础设施、电子商务和数字媒体。其中，数字化赋能基础设施是指支撑计算机网络与数字经济存在及使用的基础物理材料和组织架构，具体包括计算机硬件、计算机软件、通信设备和服务、建筑物、物联网、支持服务六个类别。电子商务是指基于计算机网络进行的买卖交易活动，包括企业与企业之间的电子商务（Business-to-Business，B2B）、企业与消费者之间的电子商务（Business-to-Consumer，B2C）、消费者与消费者之间的电子商务（Customer-to-Customer，C2C）三个类别。数字媒体是指人们在数字设备上观看、创造、获取与存储的内容，区别于消费者购买或租赁的书籍、报纸、音乐及视频光盘等传统物理产品。数字媒体属于在线访问的数字产品，具体包括直接销售的数字媒体、免费数字媒体、大数据三个类别。

◯ 我国的相关统计分类

为反映我国信息技术与应用的快速发展，国家统计局在 2004 年制定了《统计上划分信息相关产业暂行规定》，后又制定了《战略性新兴产业分类》《高技术产业（制造业）分类》《高技术产业（服务业）分类》《新产业、新业态、新商业模式统计分类》《国民经济行业分类（2017）》，上述分类中有许多与数字产业化紧密关联的行业。

关于数字产业化相关部分的分类，2021 年 6 月 3 日国家统计局发布的《数字经济及其核心产业统计分类（2021）》将数字经济产业范围确定为：01 数字产品制造业、02 数字产品服务业、03 数字技术应用业、04 数字要素驱动业、05 数字化效率提升业五个大类。其中，数字经济核心产业是指为产业数字化发展提供数字技术、产品、服务、基础设施和解决方案，以及完全依赖数字技术、数据要素的各类经济活动。数字经济核心产业对应的 01 ~ 04 大类即数字产业化部分，主要包括计算机通信和其他电子设备制造业、电信广播电视和卫星传输服务、互联网和相关服务、软件和信息技术服务业等，是数字经济发展的基础。

本书从产业的角度，对数字产业化相关部分进行分类，如表 1-1 所示。

表 1-1 本书对数字产业化相关部分的分类

相关部分	分类	行业构成	具体组成
数字技术产业	传统信息技术产业	电子信息制造业	通信设备制造业、电子计算机制造业、雷达制造业、广播电视设备制造业、家用视听设备制造业、电子器件制造业、电子元件制造业、电子测量仪器制造业、电子专业设备制造业、电子信息机电制造业、其他电子信息行业
		基础电信业	电信、广播电视及卫星传输服务
		互联网行业	互联网接入和相关服务、互联网信息服务、互联网平台、互联网安全服务、互联网数据服务、其他互联网服务
		软件和信息技术服务业	软件开发、集成电路设计、信息系统集成和物联网技术服务、运行维护服务、信息处理和存储支持服务、信息技术咨询服务、数字内容服务、其他信息技术服务业
	新兴信息技术产业	物联网	/
		工业互联网	
		大数据	/
		云计算	/
		人工智能	/
		区块链	/
		虚拟现实和增强现实产业	/
数据要素产业	数字资产及相关服务业	数字资产	数据交易、数字孪生、数字内容等
		数字服务	数字权益类资产等

1.3 数字产业化的演进及意义

从 1946 年第一台电子计算机问世为数字产业化拉开序幕，到大数据、云计算、物联网、人工智能及区块链等新兴数字技术的出现，数字产业化相关技术逐渐成熟，数字产业化布局也渐趋形成。这一系列演进提高了数据资源的配置效率，优化了产业结构，对我国经济发展具有重要意义。

1.3.1　数字产业化的演进

◯ 数字技术实现突破，数字产业开始萌芽

发源于 1900 年的量子论揭示了微观物质世界的基本规律，为原子物理学、固体物理学、核物理学及现代信息技术奠定了理论基础。20 世纪中期，信息论、控制论和系统论快速发展，进一步为计算机技术、微电子技术、通信技术、网络技术的发展提供了理论原理。当科学理论出现重大突破时，一系列新技术随之产生。1946 年第一台电子计算机诞生，并经历了电子管计算机（1946—1958 年）、晶体管计算机（1959—1964 年）、中小规模集成电路计算机（1964—1970 年）到后来的大规模集成电路计算机（1970 年至今）等阶段，计算机运算速度、存储空间和服务功能不断提高。同时，数字技术开始应用于通信领域，20 世纪中期数字程控交换机、通信卫星等通信设备开始出现。此外，1969 年第一代互联网（又称为阿帕网）诞生；20 世纪 70 年代到 80 年代，电子邮件、TCP/IP 协议、计算机公告牌系统（Computer Bulletin Board System, CBBS）、调制解调器等为网络发展奠定基础的各种技术和设备应运而生。随着计算机、通信、网络技术的发展，生产计算机、手机及相关配套设备的企业快速崛起，并在产品的技术路线上进行了不同的探索和尝试，如 IBM、康柏、惠普、摩托罗拉等。该阶段的数字技术主要应用领域从军事、科学计算，拓展至事务管理、工业控制，再到文字处理、图形图像处理等，相关产业主要为电子

信息制造业、基础软件产业、集成电路产业等。

⊃ 数字技术加快创新应用，数字相关产业快速发展

1990 年，基于个人计算机的万维网诞生，网络开始逐步从学术研究走向产业化应用。2000 年，移动通信和互联网技术相融合。但在 2G 和 3G 时代（1990—2012 年），受限于信息传输速度，移动互联网普及较慢。2013 年之后，随着 4G 等移动通信技术的发展，智能手机的不断普及，移动互联网时代也随之而来。各项衍生技术也快速发展，云计算从 2016 年开始进入全面爆发期，云服务应用已经深入各行各业；大数据技术也渗透到多个领域；物联网从以碎片化、孤立化应用为主迈入规模化、融合化、集成化阶段；人工智能从感知、记忆和存储，进一步向认知、自主学习、决策与执行发展；5G 将提供前所未有的用户消费体验和物联网连接能力。数字技术的广泛应用催生了众多的新兴业态。PC 互联网阶段，微软、思科、英特尔等企业引领发展，亚马逊、雅虎等互联网企业出现，我国诞生了搜狐、新浪和网易等门户网站。在该时段，计算机硬件和软件产业、解决信息需求的综合信息服务业快速发展。移动互联网阶段，移动应用场景得到极大丰富，新兴业态不断涌现，尤其集中在智能终端、社交网络、共享经济、数字内容等领域。智能终端领域，苹果、华为等成为行业龙头；社交网络领域，Facebook、Twitter、腾讯等将世界连接；共享经济领域，Airbnb、Uber、滴滴等快速崛起；数字内容领域，网络视频、网络直播、VR/AR 等新业态频现。数字产业从解决信息需求向解决娱乐、商务和社交需求延伸。此外，数字技术也不断向物流、金融、汽车、装备制造及生物等其他行业渗透。

⊃ 数字技术发展成熟化，数字化产业系统形成

为了更契合数字化生产的要求，大数据、云计算、物联网、人工智能、区块链及不断创新衍生的数字新技术，融合承担了数据采集、存储传输、计算分析、安全保障等功能，为满足生产和生活的需求提高系统化、专业化服务，成为数字经济社会发展的技术基础。数字技术发展成熟化，并不断与制造、能源、材料和生物等领域的技术进行融合，形成相互连接的新主导技术群。数字技术在市场应用的过程中不断迭代创新，加速推进数字产业化。集成电路、大数据、人工智能、云计算等动力产业，智能终端、软件与信息服务、电子商务、社交网络、数字内容、智能制造等先导产业，未来智能网络、卫星网络、移动通信网络等关键基础设施产业，融入数字技术的生产生活中的各类引致型产业，构成了数字经济的完整产业体系。数字技术从根本上改变了经济系统的技术基础、运行效率、组织模式、生产和交易方式等。

1.3.2 数字产业化对经济发展的推动作用

数字产业化具有基础性强、产业优势互补及涉猎范围广的特点，可以通过行业的聚集效应来提高数据资源的配置效率，通过现代信息技术的市场化应用将电子信息制造业、电信业、软件和信息技术服务业及互联网行业等产业相融合，为数字经济发展提供技术、产品和服务，引起基础设施、关键投入、主导产业及管理方式的变革，快速提高经济效率。

数字技术的应用产业化会激发龙头企业基于自身的技术研发、人才供给及资金储备等优势，凭借核心技术拓展市场，引领行业内的其他企业进行技术创新，当行业内的数字企业发展到一定规模后将会产生数字产业集聚效应。数字技术和产品在生产过程中的融合渗透能提高数据资源的配置效率，带动以数字技术为核心的相关产业提高生产效率，促进经济高质量发展。

1.4　数字产业化激发数字经济发展新动能

随着物联网、工业互联网、大数据、云计算、人工智能等新一代信息技术全面渗透经济发展的各个领域，新一代信息技术把技术转化为生产力，进一步驱动产业转型升级，激发数字经济发展新动能。

1.4.1　释放数据要素价值

2019 年 10 月，党的十九届四中全会通过的《中共中央关于坚持和完善中国特色社会主义制度推进国家治理体系和治理能力现代化若干重大问题的决定》中首次以正式文件的形式提出将数据作为生产要素，与土地、劳动力、资本、技术等要素一起参与分配，数据要素从投入阶段发展至产出和分配阶段，标志着我国正式进入数字经济红利大规模释放的时代。2020 年 4 月 9 日，《中共中央国务院关于构建更加完善的要素市场化配置体制机制的意见》正式发布，提出要加快培育数据要素市场，提升社会数据资源价值。2020 年 5 月 18 日，中共中央、国务院印发《关于新时代加快完善社会主义市场经济体制的意见》，强调了在培育发展数据要素市场、加快数据开放共享、发挥数据资源价值的同时，要推动完善适用于大数据环境下的数据分类分级安全保护制度。

生产要素是指能够形成生产力的要素，数据生产要素则是将数据作为一种重要的生产资料，不仅能为经济社会提供数据产品，还能深入各行业，与传统生产要素深度融合，从而提高生产效率，增加经济产出。数字经济环境下的数据与传统数据的含义不同。传统数据是指社会经济活动以数字形式反映出来的数量汇集，是统计分析的依据和结果。作为现代信息技术应用于国民经济的生产要素，数据具有全新的含义：数据是指人们借助现代计算机和互联网技术进行捕捉、管理和处理的数据集合，是借助云计算手段处理的信息资产；数据资源更多指向互联网活动产生的记录，体现了海量、异构、多样、分布、快速生成、动态变化等特点。数据并非天然是生产要素，作为生产要素的数据需要具备以下条件：一是可以经过加工或分析，用于提供数据产品或服务；二是能直接或间接地参与生产活动；三是能用于交易或流通。

因此，数据的生产要素特性是以数字技术进步为依托，且需与算力、算法匹配才能打通创造价值的途径。在云计算、边缘分析等数字技术未成熟运用之时，海量数据的生命周期管理需要以大量的人力、物力为依托，同时受到算法技术的限制。因此，该时期数据的转化能力与有效性均受到限制，企业也不会付出巨额的成本使数据创造出有限的价值。而算力可以将云计算等基础设施全面覆盖，使海量数据的存储、处理、应用成为可能。同时，根据摩尔定律可知，随着科学技术的发展，数字技术的成本将持续下降，而数字技术水平持续提高，因此生产部门将有更大的动力通过数据挖掘优化资源配置。算法的更新迭代会不断提高从数据中提取有用信息的能力。而信息的积累可以带来新知识的获取，提高人类决策的能力。因此，在基于算力、算法等数字技术普惠发展的客观条件下，数字产业化发展将推动数据要素价值的释放。

1.4.2　创新数字技术发展

5G、人工智能、大数据、云计算和区块链等新兴技术是数字经济的关键技术，是推动数字经济增长的技术基础，也是数字产业落地的关键。因此，数字产业化的发展是以数字技术的创新发展为依托，自然对数字技术提出了更高的要求。

5G 是指第五代无线通信网络技术及其应用，具有超高速（10 倍于 4G）、低时延（毫秒级传输）、广链接（千亿级终端）等特点，是人工智能、VR/AR、物联网等数字经济前沿技术的前置性技术。中国信息通信研究院发布的《中国 5G 发展和经济社会影响白皮书（2022 年）》显示，预计 2022 年 5G 将直接带动经济总产出 1.45 万亿元，直接带动经济增加值约 3929 亿元，分别比 2021 年增长 12%、31%；间接带动总产出约 3.49 万亿元，间接带动经济增加值约 1.27 万亿元。5G 将带来网络智能硬件设备的根本变化，产生海量的数据资源，重构新一代国家和城市关键信息基础设施，推动消费互联网向产业互联网的跨越，从而开启数字经济新一轮的创新浪潮。

近年来，随着我国以计算机视觉、语音识别等为代表的感知智能的发展，我国人工智能技术取得了长足的进步。智慧交通、智慧医疗、智慧城市、智慧教育等一系列项目的落地，使各个行业快速实现智能化，与人们的生活融会贯通。同时，人工智能技术的应用推动了人与智能机器交互方式的变革，智能终端设备的应用将逐渐普及，人们将会以更加自然的方式和智能机器交流，未来人机交互方式也更加多元化。人工智能为 IT 的基础设施层面带来巨变，传统的 CPU、操作系统、数据库将不再处于舞台的中央，新型的人工智能芯片、便捷高效的云服务、应用开发平台开放的深度学习框架及通用的人工智能算法将成为新的基础设施。下一阶段人工智能将作为数字经济融合实体经济的催化剂，成为我国数字经济发展的核心驱动力。

大数据是以数据管理技术为依托，针对海量数据进行分析的技术。大数据技术以分布式架构为主要设计思路，通过同步计算的方法提升处理数据的效率，并根据业务的不同需求进行扩展。云计算、人工智能等技术的发展，还有底层芯片和内存端的变化，以及视频等应用的普及，都给大数据技术带来了新的要求。大数据是数字经济的关键生产要素，对数据资源的有效利用及开放的数据生态体系使数字价值充分释放，驱动传统产业的数字化转型升级和新业态的培育发展，并催生了许多新型的业务形态。

我国云计算产业发展迅速，我国多个城市开始布局云计算相关试点和示范项目，涉及电网、交通、物流、智能家居、节能环保、工业自动控制、医疗卫生、精细农牧业、金融服务业及公共安全等多个方面。中国信息通信研究院数据显示，2021 年我国云计算总体处于快速发展阶段，市场规模达 3229 亿元，较 2020 年增长 54.4%。云计算正成为推动数字经济发展的重要驱动力，为各行各业提供了丰富的云工具和云服务，大幅降低创新投入成本和企业数字化转型升级的门槛，催生各领域大数据的创新应用，增强数字经济发展数据资源的驱动能力，促进政务信息开放、数字经济治理和公共服务体系的不断优化。

区块链作为分布式数据库技术，目前已应用到金融、能源、医疗、农业等多个领域。2020 年，国家发展改革委首次正式将区块链技术纳入新基建的范畴，基于区块链的新技术基础设施是其中的重要组成部分。2016—2021 年，大型 IT 互联网企业纷纷布局区块链，产业规模不断扩大。根据赛迪区块链研究院的数据，我国区块链行业经历了从 2016 年的亿元级别市场规模到 2021 年的 65 亿元产业规模的改变。前瞻产业研究院预测，我国区块链市场将保持高速增长，2021—2026 年市场规模年复合增速达到 73%，2026 年的市场规模将达到 163.68 亿美元。而且，未来 20 年，我国区块链行业市场规模有望达到万亿元级别。区块链技术是我国新一代信息技术自主创新突破的重点方向，蕴含着巨大的创新空间，在芯片、大数据、云计算等领域，创新活动日趋活跃，创新要素不断积聚。区块链技术在各行各业的应用不断深化，将催生大量的新技术、新产品、新应用、新模式。

1.4.3　创新基础设施形态

基础设施是指为社会生产和居民生活提供公共服务的物质工程设施，是国民经济和社会发展的基石，在我国经济发展过程中发挥了重要的作用。传统的基础设施主要是指铁路、公路、机场、港口、水利设施等建设项目。改革开放以来，传统物理基础设施为我国经济的发展起到了重要的作用。随着我国网络化、数字化及智能化的发展，以信息技术为基础的信息基础设施开始出现，传统基础设施逐步实现了数字化的转型升级。

在 2018 年底的中央经济工作会议上，我国首次提出要发挥投资关键作用，加大制造业技术改造和设备更新，加快 5G 商用步伐，加强人工智能、工业互联、物联网等新型基础设施建设，加大城际交通、物流、市政基础设施投资力度等新型基础设施建设。2020 年 2 月，中央全面深化改革委员会第十二次会议指出，基础设施是经济社会发展的重要支撑，要以整体优化、协同融合为导向，统筹存量和增量、传统和新型基础设施发展，打造集约高效、经济适用、智能绿色、安全可靠的现代化基础设施体系。2020 年 3 月，中共中央政治局常务委员会再次强调要加快 5G 网络、数据中心等新型基础设施建设进度。2020年 5 月，新基建正式被写入《政府工作报告》。2021 年 3 月，国务院在《政府工作报告》中指出，要统筹推进传统基础设施和新型基础设施建设，加快数字化发展，打造数字经济新优势，协同推进数字产业化和产业数字化转型，加快数字社会建设步伐，提高数字政府建设水平，营造良好的数字生态，建设数字中国。2021 年 3 月，第十三届全国人大第四次会议指出，加大新型基础设施投资力度，谋划布局 5G、数据中心、基础软件、空间基础设施等建设。2021 年 9 月，国务院常务会议审议通过"十四五"新基建规划，规划提出要加强信息基础设施建设，稳步发展融合基础设施，增强高水平交叉前沿性研究能力，鼓励多元投入并推进开放合作，建立完善安全监管体系，增强安全保障能力。这一系列政策举措逐步为我国新基建发展奠定了基调。

新型基础设施与传统物理基础设施不同。新型基础设施以信息技术为基础，以信息技术创新为驱动力，是针对高质量发展的需求，提供数字转型、智能升级、融合创新等服务的基础设施体系。新型基础设施主要包括三个方面的内容。

一是信息基础设施，主要是指基于新一代信息技术演化生成的基础设施，如以 5G、物联网、工业互联网、卫星互联网为代表的通信网络基础设施，以人工智能、云计算、区块链等为代表的新技术基础设施，以数据中心、智能计算中心为代表的算力基础设施等。

二是融合基础设施，主要是指深度应用互联网、大数据、人工智能等技术，支撑传统基础设施转型升级，进而形成的融合基础设施。

三是创新基础设施，主要是指支撑科学研究、技术开发、产品研制的具有公益属性的基础设施，如重大科技基础设施、科教基础设施及产业技术创新基础设施等。

新基建服务于国家长远发展和制造强国与网络强国建设战略需求，具备集约高效、经济适用、智能绿色、安全可靠等特征。随着我国经济由高速增长阶段转向高质量发展阶段，传统基础设施建设已经无法满足经济发展的要求。因此，新基建被赋予了更高级、更深层的内容，具有明确的科技导向，以现代科技特别是信息科技为支撑，旨在构建数字经济时代的关键基础设施。

新基建与各个智能应用结合，可以为智慧场景创新提供应用场所和市场支撑。数字产业化的发展可以为新基建发展提供需要的 5G 及其他多项新技术。在新基建技术集簇中，5G 的关键作用在于能够确保各种技术驱动的应用能够有机高效地整合在一起，并使它们发挥更加完整且智能化的作用。智能应用和智慧经济发展需要云计算、云存储、新材料等关键装备与共性技术的支撑，而数字产业化可以聚焦一批关系我国智能产业发展的核心基础部件，以及一批与产业安全密切相关的关键共性技术，推动实现原始创新、集成创新等重大突破。

1.5　数字产业化增加值测算方法

数字产业化增加值是传统信息技术产业增加值与新兴信息技术产业增加值的总和。通过统计产品目录与国民经济行业分类筛选出的数字经济产品以及生产这些产品的国民经济行业，进而计算出数字产业化相关产业的增加值。借鉴 BEA 的测算方法，假设数字经济中间消耗占数字经济总产出的比重与相应产业中间消耗占总产出的比重相同。由于现有数据不能直观地表述数字经济各相关行业的发展情况，因此数字经济增加值测算所需要的大部分数据需要进行估算。在估算过程中需要借助的工具系数有以下几种。

（1）行业增加值结构系数

根据数字经济内涵，筛选出渗透在国民经济各行业及其子类中的与数字经济相关的产业。现有的统计资料主要提供门类层面上国民经济行业增加值数据,《中国投入产出表》提供了相对详细的 139 个行业的增加值数据,无法完全确定属于数字经济相关行业的国民经济行业大类以及更加细分类别的增加值数据。需要引入"增加值结构系数"来推算数字经济相关行业的增加值数据,可用公式表示如下。

$$行业 ij 增加值结构系数 = \frac{行业 ij 增加值}{行业 j 增加值} \quad ①$$

其中,行业 ij 增加值为第 j 行业第 i 子类增加值,行业 j 增加值为行业 j 各子类的增加值合计。

（2）数字经济调整系数

在与数字经济相关的国民经济行业中,一些行业只有部分内容属于数字经济。因此,不能简单地将与数字经济相关的所有行业增加值加总来计算数字经济总增加值。数字经济调整系数是指行业中数字经济增加值占该行业总增加值的比重,用公式表示如下。

$$行业数字经济调整系数 = \frac{行业数字经济增加值}{行业总增加值} \quad ②$$

（3）行业增加值率

行业增加值率是指国民经济各行业增加值与相应行业总产出的比率,可用公式表示如下。

$$行业增加值率 = \frac{行业增加值}{行业总产出} \quad ③$$

借鉴 BEA 的估算方法:假设在各数字经济相关产业中,数字经济中间消耗占数字经济总产出的比重和其所属行业中间消耗占总产出的比重相同,即各行业数字经济增加值是该行业数字经济总产出与该行业增加值率的乘积,可用公式表示如下。

行业中数字经济增加值＝行业数字经济总产出 × 行业增加值率　　④

通过以上方法，我们可以对数字产业化增加值进行较准确的测算，进而探寻我国数字产业化的发展水平。

第 2 章

推动数字产业化发展的新兴核心技术

数字产业化是数字技术在产业层面发展的形态，相关数字技术包括但不限于人工智能、云计算、区块链、虚拟现实和增强现实等。随着数字经济的发展，当前各类数字技术加速创新，日益融入经济社会发展的各个领域，以各类数字技术为支撑的新产业、新业态不断"补位"。

2.1　云计算

云计算为各行各业提供了丰富的云工具和云服务，大幅减少了相关机构在 IT 基础设施建设方面的投入成本，降低了企业数字化转型升级的门槛。近年来，我国云计算市场从最初的十几亿元规模快速增长至千亿元规模，行业发展十分迅速。2021 年，我国云计算市场规模达到 3229 亿元，同比增长 54.4%。

2.1.1　云计算为未来算力增长提供新动力

⊃ 云计算的概念

基于美国国家标准与技术研究院的定义，云计算是一种按使用量付费，提供可用便捷的网络访问的模式。提供者组建计算资源（网络、服务器、存储、应用软件等）形成资源池，并采用租赁模式为用户提供相关基础 IT 资源服务[①]。

⊃ 云计算发展历程

云计算从提出概念到逐渐成熟主要经历了四个阶段[②]。

① 高胜利. 浅谈云计算技术在计算机大数据分析中的应用 [J]. 网络安全技术与应用，2021，4（07）：82 – 83.

② 李纬平. 云计算发展的趋势与思考 [J]. 计算机产品与流通，2020，4（11）：119+127.

（1）电厂模式阶段

早期云计算是仿照电力行业发展模式，通过集中大量分散资源进行规模化管理，以利用规模效应降低服务成本。

（2）效用计算阶段

为解决计算机设备成本昂贵、无法实现普及化应用的现实问题，图灵奖得主麦卡锡提出了效用计算的概念。效用计算的核心目标是整合分散在各地的服务器、存储系统及应用程序进行多用户共享，并根据用户使用量付费，这也是云计算按量计费的初始商业模型。

（3）网格计算阶段

网格计算的本质是将需要巨大计算能力才能解决的问题进行分解，并分配给低性能计算机进行处理。但是，受制于当时的技术和市场条件，基于网格计算的云计算并没有取得预期的成功。

（4）云计算阶段

云计算的目标与效用计算和网格计算类似，希望 IT 技术能像使用电力一样方便且具有低廉的成本。目前，云计算受益于现代规模化的市场需求和技术的进步，因此获得了大规模的普遍应用。

2.1.2　安全、性能和合法合规是云计算的三大核心要素

⊃ 云计算的核心要素

云计算是通过大量非本地、分布式计算机进行计算，这种计算方式为云计算带来了更多的应用场景，但同时伴随着诸多争议问题。云计算技术的发展需

从安全、性能、合法合规等多方面考虑。同时，这些方面也构成了云计算的三大核心要素[①]。

安全是用户选择云计算服务时首要考虑的因素。相比传统集中管理方式，云计算有多租户、分布性、对网络和服务提供者强依赖性等诸多特点，带来的新挑战主要包括以下几点：

一是云计算数据安全防护能力相对薄弱，易造成数据泄露、丢失、篡改等安全问题；

二是云计算中错误配置可能引发共享技术漏洞；

三是云计算中使用相对简单的身份认证体系、弱口令及密钥或证书系统等，易导致数据泄露等安全事件发生。

高性能是企业选择云计算服务的初衷，性能也是衡量云服务优劣的重要标准。任何采用云计算服务的企业都希望获得高性能云计算服务，但由于云计算技术自身的缺陷及带宽限制等因素，即使具备良好设计的云计算环境也会出现性能问题。此外，当云计算性能出现问题，我们试图解决其某具体性能瓶颈时，往往会导致性能问题发生局部转移，无法提高系统的整体性能。因此，解决云计算性能问题时需保持全局视野。

云计算服务的合法合规性逐渐成为云计算服务发展的新要素。一方面，为保证云计算服务的可持续性发展，云计算服务商需充分了解自身所持有的数据信息，包括数据类别、数据存储位置、访问权限清单等，以更好地实现对数据资产的管理。另一方面，云计算服务商需积极实施身份核查，保证责任人的可定位性；积极开展内容自查，在提供主机和 VPS 服务时为网站进行 ICP 备案，

① 宋婧. 云计算华丽蝶变 [N]. 中国电子报，2021-07-02（005）.

进行适度的黄反识别和版权保护；进行配合调查，建立健全监管审计、日志溯源等技术能力，配合监管部门开展事故调查。

⊃ 云计算的核心技术

（1）虚拟化技术

虚拟化技术将一台计算机虚拟为多台逻辑计算机，每台逻辑计算机可运行不同的操作系统，并且应用程序可以在相互独立的空间运行而互不影响，从而显著提高计算机的工作效率。虚拟化技术使用户、软件乃至系统运行在虚拟的逻辑硬件上，而不是真实的物理硬件上，从而实现硬件容量的扩大、软件重新配置过程的简化等。虚拟化方式包括软件虚拟化、硬件虚拟化、全虚拟化和半虚拟化。

（2）分布式数据存储技术

分布式数据存储技术通过网络实现多个机器上磁盘空间的连接，根据某种规则将用户需要存储的数据存储到不同的机器上，当用户想要获取指定数据时，再按照规则到存储数据的机器里获取。分布式存储技术并不是在每台机器上都存放完整的数据，而是将数据分散存储在多台独立的设备上。分布式数据存储技术在摆脱硬件设备的限制的同时，增强了数据存储的扩展性，还可对用户需求进行快速响应。

（3）云计算编程模型

云计算编程模型是实现云计算分布式并行计算的根本。在云计算场景下，良好的编程模型可快速分析和处理海量数据，并提供容错、安全、负载均衡、高并发和可伸缩性等机制。借助云计算编程模型，开发人员可更多地关注业务逻辑，而无须关注分布式编程的底层细节，因此大大降低了云计算开发的难度。此外，在云计算分布式并行编程模式中，后台复杂的任务处理和资源调度过程对用户具有透明性，大大提升了用户体验。

2.1.3　云计算技术发展应用优势与风险并存

⮱ 云计算技术优势

当前，云计算在教育、医疗、游戏、社交、交通、金融及制造等诸多领域均已有广泛的应用，并为产业发展及个人生活带来了巨大的影响。具体地说，首先，当前很多平台企业通过大规模部署云计算实现了战略转型，在精准决策和深入协作方面抢占了竞争优势；其次，随着云计算技术在智慧城市建设、食品药品安全监管、环境污染监测等领域的普遍应用，社会公共服务水平和管理效率得到大幅提高；最后，随着以云计算为底层技术的云办公、云视频、云笔记等应用的普遍落地，人类的工作和生活变得更加高效便捷。

⮱ 云计算技术风险

除了传统 IT 系统中存在的主机、网络等基础设施安全、系统物理安全、应用安全等相关安全问题以外，云计算因其新型计算模式特征而引入了新的安全风险[①]，主要包括以下几点。

（1）数据安全风险

用户在使用云服务器的过程中，需要通过互联网将数据从本地主机移动到云端进行存储，并需进一步登录云端进行数据管理。在此过程中，发生数据泄露、篡改、锁定等安全风险的概率极大地增加。

---

① 闫明. 云计算安全关键问题研究 [J]. 电子世界，2017，4（10）：52+54.

（2）法律合规风险

云计算应用地域的界限划分不明显，云计算后台服务或海量云数据可能分布在不同的国家和地区，而各地法律文化和监管措施的不同可能导致云计算服务商在业务合规性方面遭遇法律风险。

（3）业务中断风险

大量用户的业务数据被部署在统一的云计算系统中，当云计算系统发生故障时，如何保证用户业务快速恢复成为云计算系统需要重点解决的问题，这对云服务平台的连续性、安全策略、事件应急处置能力等提出了更高的要求。

2.2　人工智能

近十年来，我国人工智能不断深入发展，当前在计算机视觉、智能语音、自然语言处理三大主要方向上处于全球技术领先地位。根据国务院发布的《新一代人工智能发展规划》的要求，2025 年我国人工智能核心产业规模将超过4000 亿元。人工智能作为新一轮技术革命和产业变革的重要驱动力，已成为经济发展的新引擎及科技强国竞争的关键赛道。

2.2.1　人工智能是后计算机时代的先进生产工具

➲ 人工智能的概念

人工智能是通过使用计算机模仿、延伸和扩展人的智能，实现人类脑力劳动自动化的技术①。具体地说，人工智能将生产出一种能以人类思考方式做出反应的智能机器。人工智能的研究领域主要包括计算机视觉、智能语音、自然语言、机器人等。

⊃ 人工智能的发展历程

（1）人工智能的诞生（1943—1956 年）

1950 年，艾伦·麦席森·图灵提出"图灵测试"，以测试计算机是否具有人类的思考能力。"图灵测试"为现代计算机能够实现人工智能打下了坚实的实验基础。1956 年，约翰·麦卡锡在达特茅斯会议上首次提出"人工智能"的概念，使人工智能成为一个重要的学科领域②。

（2）黄金时代（1956—1974 年）

达特茅斯会议之后的十余年，大量研究者的涌入，催生了全新的人工智能研究方向。1960 年，纽维厄和西蒙通过心理学试验总结了人们求解问题的思维规律，编制了"通用解题器"智能化程序。1966 年，约瑟夫·维森鲍姆使用模拟心理治疗师的脚本开发了第一个可与人互动的聊天机器人 ELIZA。1968 年，美国斯坦福研究所研发了世界第一台智能机器人 Shakey。1972 年，日本早稻田大学研发了 WABOT-1 机器人原型，使机器人拥有了可视、可交谈和肢体可移动的能力③。

（3）第一次低谷（1974—1980 年）

1973 年，莱特希尔提出，人工智能只能解决低级问题，并对当时的机器人

---

① 阚永彪. 探析计算机及人工智能技术的发展 [J]. 大众标准化，2020，4（16）：109-111.

② 张心悦. 人工智能技术发展现状与展望 [J]. 电子技术与软件工程，2021，4（02）：199-200.

③ 李世鹏. 人工智能的发展现状和趋势 [J]. 视听界，2019，4（05）：5-9.

技术、语言处理技术和图像识别技术持批判态度。后来，由于常识数据缺乏和计算能力不足等问题，神经网络、机器学习和问题求解等研究也陷入了困境，各国政府机构投入的研究资金随之减少。至此，人工智能发展初期的浪潮逐渐退去，过高的期望和目标无法兑现，人工智能的发展迎来了寒冬。

（4）繁荣（1980—1987 年）

1977 年，费根鲍姆在第五届国际人工智能会议上率先提出了"知识工程"概念。1980 年，卡内基梅隆大学为美国数字设备公司设计的专家系统 XCON 取得巨大成功。该系统可模拟人类专家解决特定领域问题，每年可为公司省下约 4000 万美元。专家系统带来的经济和社会效益使知识处理成为人工智能研究的主要方向，人工智能程序开始被全世界的公司采纳。1981 年，日本经济产业省投资 8.5 亿美元研发第五代计算机项目，美、英等国也开始加大在人工智能领域的资金支持。

（5）第二次低谷（1987—1993 年）

专家系统的突破提升了人们对人工智能的期望，但该系统存在维护费用高、升级困难、应用场景存在局限等问题。同时，20 世纪 80 年代苹果计算机和 IBM 台式机发展迅速，其性能超过了价格较高的 LISP 机器，致使专用 LISP 机器硬件市场需求下跌，政府和企业对人工智能的热情锐减，人工智能研究开始进入第二次低谷。虽然硬件市场和现有技术遇到瓶颈，但研究并未停滞。1990 年，罗德尼·布鲁克斯提出"物理符号系统假设"，认为人工智能技术也应拥有身体感知能力，这推动了后续神经网络技术的发展。

（6）蓬勃（1993 年至今）

随着计算机性能的不断升级，依托积累的理论基础，人工智能赋能工业、交通、医疗、金融等领域效能凸显，人工智能开始走向全面产业化。1997 年，IBM 的"深蓝"计算机战胜了国际象棋世界冠军卡斯帕罗夫，成为首个战胜人类的计算机系统。2000 年，日本本田公司发布了具备主动判断能力的类人型机器人 ASIMO。2006 年，李飞飞创建 ImageNet 项目并组织视觉识别挑战赛，推动了深度学习的探索。2009 年，谷歌大力发展无人驾驶汽车技术并取得了商业化成效。2011 年，IBM 的沃森系统参与了智力问答类节目《危险边缘》，打败两位人类冠军后取得胜利。2014 年，伊恩·古德费罗提出 GANs 生成对抗网络框架，该算法在监督学习、无监督学习中广泛应用。2016 年和 2017 年，人工智能程序 AlphaGo 分别战胜前围棋世界冠军李世石和围棋世界冠军柯洁。2017 年，谷歌开发了可自主设计深度神经网络的 AutoML 系统，实现了机器学习自动化，人工智能在不断探索下有了更进一步的发展[①]。

2.2.2　数据、算法、算力三大基础铸就人工智能系统

⊃ 人工智能的核心要素

人工智能的三大核心要素分别是数据、算法及算力，三者相互依赖、相辅相成，构成人工智能技术框架，共同推动人工智能向更高层次发展。

数据是提升人工智能识别率和精准率的核心驱动要素，数据量越庞大，数据类型越丰富，代表的实际场景越齐全，训练出的算法模型便会更贴近实际问题，算法输出结果表现就越好，人工智能水平就越高。随着 5G、物联网等新兴技术的兴起，数据量呈指数级增长。然而，除部分结构化数据之外，大部分

---

① 王旖旎. 全球人工智能的内涵和发展史研究 [J]. 数码世界，2019，4（09）：282.

数据以非结构化形式呈现。非结构化的数据结构不规则，没有预定义标签，数据格式多样化，包括图像、音视频、网页等，相比结构化数据更难被计算机理解。

人工智能算法是基于概率论、统计学等数据知识解决某个问题的计算方法，其需要大量的数据作为学习资料，进行算法模型的训练、优化及调整，从而对新的测试集进行结果预测。与传统算法"输入数据和规则，产生结果"相比，人工智能算法是以"输入数据和结果，产生规则"为特征，通过算法对海量数据进行深度分析，挖掘其蕴藏的深度信息。算法是人工智能软实力的核心，其优劣直接影响问题求解的效率。目前主流的算法主要分为传统的机器学习算法和神经网络算法。二者相比，以深度学习为代表的神经网络算法在处理海量数据时具有明显的性能优势，因而被更广泛地使用。

算力是支撑人工智能的基本计算能力，是算法和数据的基础设施。算力的增强有效带动了人工智能技术及经济的发展。一方面，人工智能对算力的需求呈现指数级增长。根据著名的人工智能研究组织 OpenAI 的分析：近年来，AI 训练任务所需算力每 3.43 个月就会翻倍，速度大大超越了每 18 个月芯片性能翻一倍的摩尔定律[①]。另一方面，现今人工智能技术的发展已被纳入我国科技发展的重要战略，人工智能的算力也成为重要的新型生产力要素，算力的投入对经济和社会发展的积极推动作用已愈加明显。例如，在人工智能算力方面投资力度较大的国内城市，其新旧动能转化的速度相比其他城市更快，经济发展排名更靠前。因此，为满足人工智能的算力要求，在芯片方面，以 GPU 为代表的高性能数据处理器逐渐替代了 CPU、FPGA、ASIC 等传统处理器，成为人工

[①] 沈丛，陈炳欣. 第二代 AI 芯片加速落地，推动实现普惠算力发展目标 [N]. 中国电子报，2021-07-13（004）.

智能领域广泛应用的芯片；在数据存储方面，具备云计算能力的集中式数据中心正逐渐替代传统本地化分散式存储设备，以实现海量数据的快速计算，提高对存储数据实时读取、修改、删除的效率。

➲ **人工智能核心技术**

（1）机器学习技术

机器学习技术是让计算机执行人类活动并从经验中学习的技术，其本质是一种数据分析技术，涵盖了概率论知识、统计学知识、近似理论知识和复杂算法知识。机器学习算法使用计算方法直接从数据中"学习"信息，而不依赖预定方程模型[①]。根据使用的数据不同，机器学习技术包括监督学习、无监督学习、半监督学习及强化学习四类。

监督学习是指从标注的数据中学习预测模型。在训练阶段，系统接收标记的数据集，这些数据集告诉系统每个特定的输入值与输出之间的关系。例如，谷歌无人驾驶模型事先利用已经标识好的道路、街景等数据进行学习，并在无人驾驶汽车上路后不断进行数据采集校准。由于谷歌无人驾驶汽车上路之前的起点和终点均是事先设置好的，目标明确，因此属于监督学习的范畴。

无监督学习是指从无标注数据中学习预测模型的机器学习问题。现实生活中通常会有缺乏足够的先验知识，因而难以人工标注类别或进行人工类别标注的成本太高的问题。因此，我们希望计算机能代为完成这些工作，根据类别未知（没有被标记）的训练样本解决模式识别中的各种问题。例如，将夜晚星空图片样本输入计算机，在未标明星星名称的前提下，让计算机自动找出星星的

---

① 孟子流，李腾龙. 机器学习技术发展的综述与展望 [J]. 集成电路应用，2020，37（10）：56~57.

运动轨迹就属于无监督学习场景。

半监督学习介于监督学习和无监督学习之间，是通过将数据集中小部分数据标注、大部分数据不进行标注的方法，来节约标注数据的人工、时间成本，同时利用未标注数据中的信息辅助标注数据进行监督学习，以低成本达到较好的学习效果。

强化学习又被称为评价学习或增强学习，是指智能系统在与环境的连续互动中学习最优行为策略。强化学习本质上是在解决决策上的问题，即学会自动进行决策，且决策较为符合预期。例如，特斯拉无人驾驶汽车辅助驾驶系统未事先对数据进行街景、地图等标识，而是根据人的反馈不断学习：如果车向正确，则不进行干预；如果车向出错，则人为手动干预控制。在这种强反馈训练下，无人驾驶系统可在未标示的情况下朝着更好的方向进化。

（2）知识图谱技术

知识图谱是一种揭示实体之间关系的语义网络，可以对现实世界的事物及其相互关系进行形式化的描述。知识图谱技术在智能推荐、智能搜索、通用认知推理、人机交互问答、智能决策支持等应用场景中得到广泛的应用与实践，是下一代可信人工智能领域的关键技术组成之一。在知识图谱技术的辅助下，搜索引擎可以洞察到用户查询背后的一个语义信息，然后返回更精准结构化的信息，从而更大可能地满足用户的一个查询需求。

（3）自然语言处理技术

自然语言处理技术能实现人与计算机之间用自然语言进行有效通信。自然语言主要的输入是人类的语言（语音、文字等），输出是计算机可以理解的高维度的数据。自然语言处理适用于智能问答系统、社交媒体监控、内容推荐、机器翻译等诸多应用场景。例如，谷歌翻译或有道翻译等机器翻译工具就是利用计算机将一种自然语言（源语言）转换为另一种自然语言（目标语言）的过程。早期的机器翻译系统基于的是词典和语法规则系统，在保持语意方面不尽如人意，尤其是特定的语意很难保证翻译质量。近年来，随着大数据和深度学习等技术的发展，自然语言处理技术得到了质的飞跃，促进了翻译质量的快速提升，在口语等领域的翻译也更加地道和流畅。这些工具在帮助人们和企业打破语言障碍的同时，也获得了市场的认可。

（4）生物特征识别技术

生物特征识别技术是使用数据分析和算法建模，通过自动技术测量其身体特征或个人行为特点，并将这些特征或特点与数据库的模板数据进行比较以完成认证。生物特征识别技术所研究的生物特征分为物理特征和行为特点两类，物理特征包括指纹、掌形、眼睛（视网膜和虹膜）、人体气味、脸形、皮肤毛孔、手腕 / 手的血管纹理和 DNA 等；行为特点包括签名、语音、行走的步态、敲打键盘的力度等。当前，由于生物特征识别技术的滥用，个人生物特征信息被严重泄露，数据安全成为生物特征识别技术发展中亟待解决的问题。

2.2.3　人工智能发展前景广阔，但安全风险也亟待解决

⊃ 人工智能技术优势

近年来，随着人工智能技术的发展，智能家居、智能汽车、可穿戴设备、智能机器人等一批人工智能产品不断涌现，人工智能在教育、医疗、养老、环境保护、城市运行、司法服务等领域的应用也日益广泛，正逐渐渗透到生产和

生活的方方面面。人工智能为各行各业带来的升级与变革前所未有，这将会促使新兴产业和新兴商业模式不断诞生。

首先，在制造、交通、教育、农业等领域，人工智能改变了传统基于人工管理的模式。例如，在传统农业转型过程中，可通过智能无人机、气象遥感卫星等监测我国耕地环境情况，由人工智能自动推荐最优作物种植方案，并调度各类农用设备执行决策方案，以实现农业生产力最大限度的解放。

其次，人工智能在社交、娱乐、购物、医疗、交通出行等生活领域也发挥了巨大的作用。例如，人工智能可协助医生对患者的病情进行初步筛查与分诊，智能医疗影像处理技术可帮助医生制定个性化治疗方案，可穿戴式智能设备可实时准确掌握患者的各项身体指征。

最后，在金融、经济、社会领域，人工智能为经济学发展提供工具，增加了经济学学科发展的更多可能性。例如，通过人工智能技术对海量数据的分析挖掘，为经济学的理论验证提供了有力支撑，使学说更大限度地符合现实情况，推动经济学理论的落地。

➲ 人工智能技术风险

人工智能技术在提高生产生活效率的同时，也带来了一定的风险和挑战。

（1）个人信息安全风险

基于人工智能的深度伪造软件收集用户照片，以及眨眼、摇头等动态行为的敏感信息，一旦被非法使用将对个人的人身财产安全造成严重侵害。例如，2019年，网络犯罪分子利用深度伪造软件模仿了一家德国公司首席执行官的声音，欺骗该公司旗下子公司经理向犯罪分子银行账户转账20多万美元，给企业造成了经济损失。

（2）法治风险

当前的人工智能技术具备一定程度的自主学习与决策能力，并且其某些行为存在不可解释性，导致法律责任认定和划分的难度大增。例如，智能医疗助理给出错误的医疗建议导致患者病情加重、自动驾驶汽车出现决策错误导致人员伤亡等场景下的主体责任问题尚未解决。

（3）社会劳动竞争风险

随着社会智能化程度的加深，人工智能或将取代部分人力岗位工作。例如，威瑞森通信和游戏驿站等上市公司将过去由额外员工承担的会计和财务职能实现了自动化。

2.3　区块链

区块链作为"信任的机器"，催生了新的生产关系，推动了技术分工的进一步细化，降低了合作成本，带动了一场互联网基础设施的技术革命。其不仅成为可信数字化商业模式的坚强保障，也是超级智能时代互联网的核心。

2.3.1　区块链技术引发网络的去中心化变革

⊃ 区块链的概念

区块链的概念起源于比特币。作为比特币应用的底层技术，区块链是一个分布式同步记录的方式，让人群中的所有人替某一个人做担保，形成某种可信的共识。这个群体越大，信用度就越高，共识也就越可靠。区块链可保证存储于其中的数据或信息具有难以篡改、全程留痕、可以追溯、集体维护、公开透明等特点[①]。这些特点确保了区块链的"诚实"与"透明"，为区块链创造信任奠定了基础。而区块链巨大的应用场景基本上都基于区块链能够解决信息不对称问题，实现多个主体之间的协作信任与一致行动。

⮕ 区块链的发展历程

区块链的发展分为区块链 1.0 时代、2.0 时代和 3.0 时代[②]。

（1）区块链 1.0 时代（2008—2013 年）

2008 年，中本聪发布《比特币：一种点对点的电子现金系统》白皮书，比特币的概念正式诞生。2009 年，中本聪推出第一个开源的比特币客户端软件，比特币系统正式启动。2010—2012 年，比特币开始真正进入市场。但是，此时能够深入了解比特币并进入市场中参与比特币买卖的主要是热衷于互联网技术的极客。总体来看，区块链 1.0 阶段是以比特币为代表的数字货币应用，其场景包括支付、流通等货币职能，经济形态以比特币及其产业生态为主。

（2）区块链 2.0 时代（2013—2018 年）

2013 年，《以太坊：下一代智能合约与去中心化应用的平台》发布，提出创建一个全新的分布式计算开源平台。该平台不受任何人控制，由全球范围内的所有参与者共同维护，促使在其上快速开发出各种区块链应用。2014 年，康奈尔大学宰权发布《Tendermint 白皮书》，提出为用户提供去中心化应用构建和

① 伍赛特. 区块链技术应用研究及未来发展趋势展望 [J]. 科技创新与应用，2021，11（18）：16-18.
② 邹漩，陆红娟. 新时代下我国区块链技术发展研究综述 [J]. 江苏科技信息，2021，38（03）：1-4.

维护基础设施的思路。2015 年，联盟链兴起，区块链技术进入金融、IT 等主流领域。总体来看，区块链 2.0 阶段是以以太坊为代表的应用加入智能合约功能，使区块链从最初的数字货币体系拓展到股权、债权和产权的登记、转让，证券和金融合约的交易、执行，甚至防伪等领域。

（3）区块链 3.0 时代（2018 年至今）

2018 年，新一代区块链应用平台 ArcBlock3.0 平台发布，这是一个专门为开发部署去中心化应用设计的云计算平台的区块链生态系统。2019 年，Facebook 发布《Libra 白皮书》，ArcBlock 推出第一个支持去中心化身份技术的去中心钱包，我国央行宣布即将发行数字货币，W3C DID1.0 公开工作稿发布，等等。总体来看，区块链 3.0 阶段中，区块链应用范围扩展至金融行业之外的各行业场景中，能够满足更加复杂的商业逻辑，成为未来社会的一种最底层的协议。

2.3.2　区块链的五大要素支持数字环境安全信任交互

○ 区块链的核心要素

区块链的五大核心要素包括分布式、加密、难以篡改、通证化、去中心化。只有这五大要素结合起来，才能支持区块链参与者在数字环境中安全交互，才能真正释放区块链的价值。

分布式是指区块链参与者在现实世界中是相互独立的个体，但在区块链中则通过网络联系在一起，每个管理完整节点的参与者都需要维护账簿的完整副本，该副本会在有新交易发生时进行更新。区块链本质上是一种分布式数据库，其利用链式存储结构不仅解决了分布式数据存储问题，也解决了存储时的分布式一致性问题。

加密是指区块链采用各类加密算法记录区块中的数据，参与者分别控制自身的隐私信息，只共享必要的交易信息，这是安全性保障的核心。

难以篡改是指区块链中的每一笔交易都是难以修改的。这是由于交易完成后的记录会经过加密签名、加盖时间戳，并按时间顺序添加至账簿。值得一提的是只有一种情况才能修改区块链中的交易，那就是参与者达成协议来修改或破坏交易记录，这样的协议被称为"分叉"。

通证化是指区块链技术能够为可流通数字资产的持有者颁发认证证书。具体地说，区块链上的交易和其他交互均涉及安全的价值交换，这些价值以"通证"的形式表现出来。"通证"可用数字形式代表实体资产，支持区块链中个人和企业参与者掌握自己的数据。

去中心化是指利用分布式计算机维护区块链网络信息和运行规则。实际上，去中心化意味着不存在单个实体控制所有计算机和信息或者制定规则，每一个节点都保持着相同的加密账本和网络记录，并由所有完整节点运行的共识机制负责交易的验证和审批。这一非中心化、共识驱动的体系结构意味着不再需要中央权威机构进行组织治理，同时也防止了欺诈和恶意交易。

⊃ 区块链核心技术

（1）非对称加密技术

非对称加密是指在加密和解密两个过程中使用不同的密钥。在这种加密技术中，每位用户都拥有一对密钥——公钥和私钥。在加密过程中使用公钥，在解密过程中使用私钥。公钥是可以向全网公开的，而私钥需要用户自己保存。

这样就解决了对称加密中密钥需要分享所造成的安全隐患。非对称加密技术能够实现并且能够保证安全的关键，是任何人利用公开的公钥在操作上不太可能推导或计算出该用户的私钥。非对称加密技术在区块链的应用场景主要包括信息加密、数字签名和登录认证等[①]。

（2）共识机制

共识机制是区块链事务达成分布式共识的算法，是区块链节点间的协作机制，具备"少数服从多数"及"人人平等"的特点。其中，"少数服从多数"包含节点个数、计算能力、股权数等特征量。区块链共识机制中嵌入的协议规则可以确保只有有效和真实的交易才可以被记在公共透明的账簿中，嵌入网络的协议规则保证了公共分类账的状态总是随着大众的共识变换而更新。共识机制需要平衡效率和安全的关系，安全措施越复杂，相应的处理时间越慢。而要想提高处理速度，简化安全措施的复杂度是非常重要的一步。

（3）智能合约

智能合约就是在个人、机构、财产之间达成某种共识以后，用合约的方式将这种关系确定下来，然后设计一种使这种共识或关系能够动态重复进行下去的机制。区块链领域的智能合约有以下特点：一是规则公开透明，合约内的规则及数据对外部可见；二是所有交易公开可见，不会存在任何虚假或隐藏的交易。事实上，区块链技术的"公开透明""难以篡改"的特点均是智能合约所赋予的。

---

① 邹漩，陆红娟. 新时代下我国区块链技术发展研究综述 [J]. 江苏科技信息，2021，38（03）：1-4.

2.3.3 区块链技术发展机遇和风险挑战需得到有效平衡

⊃ 区块链技术优势

区块链技术发展至今，其基于特殊的信任机制，在金融、公益、电竞、商品追根溯源等领域进行了深入的运用。首先，区块链技术天然具有金融属性，基于区块链技术的数字货币具有使用便利、易携带存储、易于防伪、低流通成本等优势。其次，区块链可实现数据的安全流通，是打破政务系统中"数据孤岛"的重要技术手段。最后，区块链可利用"时间戳"技术手段证明某些数据在特定时间的存在。加上其难以篡改、可溯源等技术特性，区块链为诸多领域的电子数据存证提供了完美解决方案。总体来说，区块链技术在金融资产的交易结算、数字货币、数字政务等领域具有广阔的应用前景[1]。

⊃ 区块链技术风险

区块链具有信息内容安全、隐私安全及应用安全三大风险[2]。一是具有敏感、非法信息写入的信息内容安全风险。区块链是只可追加数据信息的系统，其链上储存的数据无法被替换、删除、篡改，一旦遭遇人为恶意信息写入或敏感信息误操作，将无法被修改。二是匿名保护缺陷导致个人隐私泄露风险。区块链技术中采用公私钥代表通信双方的身份，但此过程只能实现假名，而不能实现完全匿名。通过对多笔交易信息的追踪分析，可判断某些地址是否归属于同一人或机构。三是非法利用引发应用层安全风险。例如，利用加密货币的匿名性特点在暗网进行不法交易，黑客利用计算机病毒进行盗窃、敲诈勒索及违

---

① 陈戈. 孙宇晨：未来区块链会有更多的应用场景 [J]. 中国信息界，2021，4（03）：68–71.
② 宋迎春，宁晓雅. 区块链技术风险评估与控制 [J]. 财会月刊，2021（14）：124–130.

法"挖矿"等。

2.4 虚拟现实与增强现实

虚拟现实和增强现实是基于新一代信息技术的战略性新兴产业，具有应用空间大、产业潜力大、技术跨度大的特点。作为"十四五"规划中提出的未来五年数字经济重点发展的技术产业，未来五年其在教育、影视、游戏、军工、政务、金融、医疗等各个领域将大有可为。

2.4.1 虚拟现实与增强现实是沉浸式技术的核心

⊃ 虚拟现实与增强现实的概念

虚拟现实技术是利用计算机创造一个虚拟空间，通过佩戴虚拟现实眼镜等硬件装备，使用户完全沉浸在一个合成的虚拟环境中[1]。其可显著拓展人体感知触及和体验范围，打破时空局限。

增强现实技术是由虚拟现实技术发展而来。与寻求将用户沉浸在完全虚拟环境中的虚拟现实不同，增强现实使用数字生成的感知叠加来增强现实世界。具体地说，增强现实技术能够将虚拟信息与真实世界巧妙融合，将计算机生成的文字、图像、音乐、视频等应用到真实世界中，两种信息互为补充，从而实现对真实世界的"增强"。

---

[1] 朱润桤. 虚拟现实和增强现实技术简介 [J]. 科学家，2017，5（23）：112-114.

⊃ 虚拟现实与增强现实的发展历程

虚拟现实和增强现实的发展分为三个阶段：初创期、技术积累期和商业化期①。

（1）初创期（20世纪60年代至70年代）

虚拟现实和增强现实技术相对落后，设备体积庞大，仍处于原型机阶段。即使随后出现了头戴式显示器，但其体积仍十分庞大，需要在天花板上设计专门的支撑杆，限制了其应用范围。另外，由于此阶段图像处理技术尚未成熟，而且计算机的计算能力十分有限，虚拟现实和增强现实技术处于十分原始的阶段。

（2）技术积累期（20世纪80年代到90年代）

随着图像处理技术的进步，虚拟现实和增强现实技术的产品体验得到大幅提升，逐渐形成了一轮商业化热潮。但是，由于计算机处理能力瓶颈尚未解决，此次商业化热潮未能一直持续。

（3）商业化期（2013年至今）

随着互联网的普及，以及计算能力、3D建模等技术的大幅进步，虚拟现实和增强现实的体验得到大幅提升。相比早期设备，这一时期的相关设备更加轻量化、便捷化和精细化，从而大幅提升了用户体验。

2.4.2　软硬件系统构成虚拟化技术的核心要素

⊃ 虚拟现实与增强现实的核心要素

虚拟现实的核心要素有三个：全视角的虚拟画面、虚拟世界和现实世界的

---

① 杨青，钟书华. 国外"虚拟现实技术发展及演化趋势"研究综述 [J]. 自然辩证法通讯，2021，43（03）：97−106.

同步、操作控制环境[1]。全视角的虚拟画面是指通过生成一个实时动态的360度可见的世界，构建虚拟世界的基础（可通过3D游戏引擎实现）；虚拟世界和现实世界的同步是指通过感知用户头部或眼部的旋转动作，快速、准确地反映到虚拟世界中；操作控制环境是指使用游戏手柄或体感手柄。

增强现实的核心要素有两个：感知和分析现实世界、近眼显示叠加。感知和分析现实世界涉及计算机视觉、深度传感器、GPS等，其目的是让机器看到现实中的绝大部分环境；近眼显示叠加就是机器在看到的现实世界中增加虚拟物品，打造新的虚拟世界。

⊃ 虚拟现实与增强现实核心技术

（1）物体识别技术

物体识别技术是计算机视觉领域的子类，其任务是识别图像中的物体，并给出物体在图像场景中的形状、位置、方向、大小、色彩、运动状态等特征。人脸识别是物体识别技术的一种特殊的应用场景，是基于人的脸部特征信息进行身份识别的技术。

（2）目标跟踪技术

目标跟踪技术是获取一个场景中的目标的个数、位置、运动及身份等信息。目标跟踪的通常任务是在视频的第一帧给定一个目标的矩形框，然后这个矩形框紧跟着要跟踪的物体。目标跟踪技术是虚拟现实和增强现实设备的核心，也是最复杂的一部分。有好的目标追踪技术才能保证良好的沉浸感，但对硬件及算法都有非常高的要求。

---

[1] 吴雪薇，王利双，张盈盈. 增强现实技术发展趋势研究 [J]. 科技视界，2019，4（30）：223－224＋177.

（3）图像立体显示技术

图像立体显示技术是虚拟现实的一种重要实现方式，该技术借助专用的辅助设备，将具有一定视差的影像和视频进行处理，实现"左眼看左像、右眼看右像"，进而产生立体视觉。近年来，随着材料科学和计算机技术的飞速发展，虽然图像立体显示技术日趋成熟，手段日益丰富，但是仍未出现"完美"的图像立体显示方案。未来，随着光场立体、全息立体技术的发展成熟，图像立体显示技术终将突破平面显示器的约束，形成三维立体显示能力。

2.4.3 虚拟化技术发展推进过程中优势与弊端并存

◌ 虚拟现实和增强现实技术优点

虚拟现实和增强现实被广泛应用于各个领域[①]。

（1）工业用途领域

虚拟现实可用于模拟在危险环境中使用昂贵、易损坏的设备开展工作，而无须承担任何实际的风险；增强现实可用于将基本信息直接传递给用户，减少工程师、维护人员等在线查找信息所花费的时间。

（2）医疗保健领域

虚拟现实和增强现实技术已被用于治疗恐惧症和焦虑症。

（3）生活娱乐领域

5G 技术为虚拟现实和增强现实开辟了新的可能性，超快移动网络将进一

---

① 陈和恩，何汉武，吴悦明. VR/AR 与智能制造：应用领域、核心技术 [J]. 机电工程技术，2021，50（02）：1–4+18.

步提升虚拟现实和增强现实的潜力，推动虚拟现实和增强现实在娱乐领域的普及应用。

⊃ **虚拟现实和增强现实技术缺点**

（1）伦理道德风险

虚拟技术可能会对人在现实生活中的情绪、认知和行为产生影响。例如，一个人在虚拟环境中经常体验年长者的身份和生活，回归现实后，此人可能更倾向于购买养老产品或预留养老金。

（2）知识产权侵权风险

影视、游戏、录像等虚拟内容往往面临着是否获得了相关著作权人的合法授权等知识产权保护问题。

（3）个人信息泄露风险

为了给用户提供"量身定制"的服务体验，虚拟设备在运行时往往会收集用户的性别、身高、体重、职业、兴趣爱好等大量的个人信息。在个人信息保护措施不完善的情况下，不法分子可能会将收集到的用户信息在用户不知情的情况下出售给第三方以谋取非法利益。

第 3 章

数字产业化变革新基建

2020 年，国家发展改革委首次明确了新型基础设施（简称"新基建"）的概念和范围，指出新基建是以新发展理念为引领，以技术创新为驱动，以信息网络为基础，面向高质量发展需要，提供数字转型、智能升级、融合创新等服务的基础设施体系。新基建主要包含信息基础设施、融合基础设施、创新基础设施三大类。其中，信息基础设施是基于新一代信息技术演化生成的基础设施，是在数字经济发展过程中进行信息产业建设的重要引擎，与数字产业化密切相关，为数字产业化提供了坚固的基石。信息基础设施主要由以 5G、物联网、工业互联网、卫星互联网为代表的通信网络基础设施，以数据中心、智能计算中心为代表的算力基础设施，以及以人工智能、云计算、区块链等为代表的新技术基础设施组成。

3.1　通信网络基础设施

通信网络基础设施是信息化建设的基础，正在发展成为继水、电、气、交通之后的第五大城市公共基础设施。加强和完善通信网络基础设施建设，是实现信息化社会的关键[①]。在通信网络基础设施的建设中，5G、物联网、工业互联网、卫星互联网等重要底层设施被放在了首位。

3.1.1　通信网络基础设施是信息化建设的基础

⊃ 5G

5G 是第五代移动通信技术的简称，是目前移动通信技术发展的最高峰，具有高速率、低时延、海量连接三大技术特点[②]。一是高速率。相比 4G 对于 3G 的小幅提升来说，5G 的理论传输速率可达 4G 的数百倍。因此在 5G 网络下，AR/VR、超高清业务才不会受限。二是低时延。5G 技术有效降低了时延，并提高了数据传输速率。以无人驾驶场景为例，5G 对时延的要求最低是 1 毫秒

---

① 张继扬，孙文刚，徐瑞俊. 第五代移动通信网络基础设施空间布局规划的探讨 [J]. 中国新通信，2020，22（21）：25-26.

② 刘宇津，李伟. 5G 无线通信技术概念及其应用 [J]. 中国新通信，2021，23（11）：3-4.

甚至更低，确保了高可靠连接。三是海量连接。在 5G 网络下，每一平方千米可以支撑 100 万个移动终端，可真正实现万物互联。

➲ 物联网

物联网是互联网连接到物理设备和日常物品的扩展，是将物品通过信息传感设备和网络通信设备与互联网连接起来，以实现信息交换或功能控制[①]。物联网具有设备的智能化、联机通信及服务云端化三大技术特点。

（1）设备的智能化

物联网的终端设备是一台具有一定计算能力的小型计算机。以智能电视为例，尽管智能电视的外观和普通的电视设备类似，但它本身可以处理很多计算任务，已不再是仅具有收看电视之类的基本功能，相关智能功能包括搜索节目、订阅、收藏等。

（2）联机通信

物联网的终端设备具备联网能力。具备一定计算能力的终端设备通过网络互联互通以后，智慧能力将会进一步提高。例如，著名的国际企业集团 LG 推出一款联网冰箱，用户可以通过扫描条形码联网的方式查看冰箱内的物品种类。

（3）服务云端化

物联网云端是具有统一管理、分析优化、可视化展示等功能的智慧云平台，其通过对终端设备采集的信息进行整理、分析后提供相应的服务。从某种角度上讲，物联网本质上是在"服务"上面的应用，其计算和服务始终在云端

---

① 关鹏程，古庆利. 5G 通信与新基建的发展机会展望 [J]. 集成电路应用，2021，38（06）：86-87.

执行。因此，云端服务是物联网正常运转的主要驱动引擎。

⟳ 工业互联网

工业互联网是通过一个开放的通信网络平台，把设备、生产线、员工、工厂、仓库、供应商、产品和客户等紧密地连接起来，共享工业生产全流程的各种要素资源，使其数字化、网络化、自动化、智能化，从而提升效率、降低成本[1]。工业互联网具有工业数据闭环、工业运营优化闭环及服务优化闭环三大技术特点。

（1）工业数据闭环

工业互联网通过对机器操作数据、生产环境数据的实时感知和边缘计算，实现机器设备的动态优化调整，优化生产线。具体地说，传统的工业企业数据在不同企业之间乃至同一企业的生产、设计、研发、管理、运营等环节都存在割据的状态；而工业互联网利用各种网络互联技术把工业设计、工艺、生产、管理、服务等产品的生命周期串联起来，赋能整个工业系统描述、诊断、预测、决策、控制等智能化功能。

（2）工业运营优化闭环

传统的"端—管—云"模式难以应对日益增长的工业物联网终端，无法保证工业生产控制的实时性和可靠性。而工业互联网使用"云计算+边缘计算"的模式支撑周期性维护及业务决策，边缘计算聚焦实时、短周期数据分析，支撑本地业务的实时智能化处理与执行。

---

① 董悦，王志勤，田慧蓉，李姗，秦国英，吾守尔·斯拉木. 工业互联网安全技术发展研究 [J]. 中国工程科学，2021，23（02）：65-73.

（3）服务优化闭环

工业互联网通过分析供应链、产品、用户数据，实现了企业资源组织和商业活动的创新。具体地说，传统基于供应链管理的商业模式缺少数据驱动带来增值服务，导致工业企业的业务流程趋于复杂、信息共享不通畅；而工业互联网可实现产品相关数据的实时采集与管理，通过对实时数据的分析利用精准匹配供需双方，实现对供应链全流程优化，并对供应链实施有效、动态的管控。

⊃ 卫星互联网

卫星互联网也叫"空天互联网""太空互联网"，是指通过一定数量的卫星形成规模组网辐射全球，构建具备实时信息处理的大卫星系统，进而为全球提供互联网接入服务。卫星互联网具有覆盖范围广、通信距离远、通信容量大三大技术特点[①]。

（1）覆盖范围广

基站、天线及地下光纤光缆等地面通信系统无法在海洋、沙漠及偏远山区等苛刻环境下发挥作用，而卫星互联网作为地面通信的重要补充，可使全球都能通过宽带连上互联网终端，有效解决偏远地区、极地、沙漠、无人区、海洋、航空等长尾场景下用户的互联网接入服务问题。

（2）通信距离远

卫星通信具有距离不敏感性，即通信速率和成本与卫星地面站间的距离几乎无关，因此在卫星波束覆盖区内一跳的通信距离最远可达到1.8万千米，是当前全球航空公司空中上网业务的主流技术模式，也有希望成为未来高铁上网

---

① 臧超，刘畅.以新基建推动卫星互联网科技创新发展[N].学习时报，2021-06-23（006）.

问题的有效解决方案。

（3）通信容量大

卫星互联网通信信道处于微波频率范围，频率资源十分丰富，具有较高的可用带宽，适合语音、视频、图像等多类业务数据的综合传输，能够提供大范围的网络服务。

3.1.2　通信网络基础设施场景应用层出不穷

⊃ 5G

5G 具有高速率、大带宽、高可靠、低时延等特征，能够满足未来虚拟现实、智能制造、无人驾驶等众多应用场景的需求[①]。

（1）赋能虚拟现实行业应用进入"快车道"

在 5G 通信网络的支持下，虚拟现实应用设备中的图形芯片可与云计算进行超快连接，确保大规模应用数据可快速上传至云端进行计算存储。这大大消除了虚拟现实设备对计算机的依赖，使头显等相关设备的重量和成本大大下降，从而促使虚拟现实真正开启普及商用化时代。

（2）推动智慧城市等大数据应用走向成熟

5G 时代万物互联，在大带宽、高速率、低时延的 5G 网络支持下，大规模、不同类型的物联网传感器终端设备不断收集记录各类数据，并通过云端进行实时数据交互，这促使 5G 时代的整体数据量急剧膨胀、数据维度不断扩张。通

---

① 崔爽. 重点推进 15 个行业的 5G 应用，逐步形成"扬帆远航"局面 [N]. 科技日报，2021−07−14（002）.

过 AI 技术对海量多维度数据进行联合处理挖掘，我们将得到更加精准和丰富的信息，可真正实现通过大数据监测分析便利人类生活，促进智慧城市、智能交通、智能家居等大数据业务蓬勃发展。

（3）培育全新智能终端

基于 5G 技术的新智能终端将以多种形态呈现，智能手机、智能手环、智能穿戴设备等将具备更高品质、最佳性能的智能化水平。

◯ 物联网

物联网的应用场景不仅在于个人消费生活领域，如智能手表、智能手环，更在于工业生产领域，如石油天然气、航空、生产与物流供应链、交通运输、风电等行业[①]。物联网技术将极大地促进个人消费生活领域和工业生产领域的智能化升级。

（1）智慧物流

利用物联网技术对物流的运输、仓储、包装、装卸、配送等各个环节实现系统感知、全面分析及处理，大大地降低各行业的运输成本，提高运输效率。现今的仓储管理、运输监测、冷链物流、智能快递柜等均是智慧物流的典型应用。

（2）智能交通

利用物联网技术将车辆、路况、司机等产生的实时数据进行汇聚处理，全方位感知交通状况，并给予及时反馈，加强车辆、道路、使用者三者之间的联系，实现智能化车辆调度管理。

---

① 王伟，魏霞. 物联网技术在物流中的应用 [J]. 中国储运，2021，4（07）：208–209.

（3）智能安防

利用摄像头、温湿度传感器等物联网设备实时采集环境数据，上传至数据分析中心进行智能化分析，及时发出警报，通知工作人员对监控事件及时处理，大大降低了人力安防成本，也提高了安防效率。

（4）智能医疗

智能医疗主要有医疗可穿戴和数字化医院两大应用场景。利用物联网传感器对人的生理状态（如心跳频率、体力消耗、血压高低等）及环境参数进行实时捕捉，上传云端处理后反馈给用户，使用户及时了解自己的身体状态；将传统的医疗设备进行数字化改造，实现了数字化设备远程管理、远程监控及电子病历查阅等物联网功能。

☐ 工业互联网

工业互联网能够把工厂、供应商和企业用户等连接起来，对工业数据进行深度开发利用，优化生产效率，提供智能产品和服务[1]。

（1）生产单元模拟

在生产单元部署物联网传感器采集海量生产数据、设备数据、环境数据等实时上传至边缘云平台，边缘云平台利用三维（3D）建模技术建设与物理生产单元对应的虚拟生产单元，实现生产制造状态实时透明化、可视化。

（2）生产过程溯源

利用生产现场的扫码枪、工业相机、摄像头、刷卡机等设备上的物联网传

---

[1] 周志勇, 任涛林, 孙明, 王勇, 姚星星, 李震. 工业互联网平台体系架构及应用研究 [J]. 中国仪器仪表, 2021, 4（06）: 45-50.

感器实时采集数据，并将生产过程中每个工序的物料编码、作业人员、生产设备状态等信息实时传输到云平台。云平台将产品生产过程中的人、机、料信息进行关联整合，形成溯源数据库，运用区块链、数字标识与识别等技术实现产品关键要素和生产过程追溯。通过实时追溯批次、品质等原料信息，可动态调整后道工序参数，提升产品质量。

（3）全域物流监测

通过工业运输装备上的智能监控终端，实时采集全域运输途中的运输装备、货物、人员等的图像和视频数据，并通过5G网络传输至云平台。云平台对运输装备进行实时定位和轨迹回放，对货物、人员进行实时监测，实现工业运输的全过程监控，能够避免疲劳驾驶、危险驾驶等行为，有效保障冷链物流、保税品运输、危化品运输等过程中运输装备、货物和人身的安全。

⮑ 卫星互联网

随着卫星互联网的技术不断进步和使用成本下降，卫星通信正在立足于通信"全球覆盖"的独特优势的基础上，逐渐迈向航海、航天、应急救援等领域，进一步扩大了市场应用优势[①]。

（1）覆盖偏远地区

卫星通信的优势在太空、海洋、沙漠等偏远地区，与地面通信网络形成互补，避免了大量基础设施的建设和成本花费。

---

① 郭溪. 卫星互联网在智慧海洋领域的应用展望[J]. 电脑知识与技术，2021，17（13）：211-212+223.

（2）海洋作业及科考

通过船载卫星设备终端，实现海上船只与地面通信网络的互联互通，满足船载设备、科考设备、船员等数据采集共享、即时通信、网上浏览等通信需求。

（3）航空机载无线服务

随着卫星互联网链路搭建完成，飞机无线上网将普及，在满足用户空乘上网需求的同时，也给航空公司、卫星运营等主体带来巨大的经济效益。

（4）灾备服务

通过卫星互联网提供的高速备份链路，将关键业务上星备份，形成稳定的网络环境，避免临时网络中断造成的经济损失。

3.1.3 通信网络基础设施建设面临诸多挑战

5G 建设主要面临技术和产业不成熟、商业模式不清晰和网络治理困难三大问题[①]。

（1）技术和产业不成熟

云化和虚拟化技术在全程全网中的一致性、与边缘计算等技术的协同性及与新业务的适应能力仍需大规模检验和验证。此外，当前 5G 系统设备的功耗高、成本高，不能开展大规模建设，5G 产业支撑能力落后于商用节奏。

---

① 王西龙. 新基建背景下 5G 建设的挑战与建议 [J]. 中国新通信，2020，22（22）：36-37.

（2）商业模式不清晰

对于传统基于流量的盈利模式，运营商面临"提速降费"和同质化竞争的巨大压力，进而导致运营商增量不增收。因此，国家相关机构应积极探索基于信息服务的商业模式，包括在网络建设、业务质量保证、安全控制等方面的个性化方案，以更好地支撑运营商建网投资的巨大成本。

（3）网络治理困难

5G标准一直是各国争夺的热点，在国际竞争局势复杂的形势下，关于关键信息基础设施保护和数据安全国际合作的相关推动工作面临阻力，导致5G网络在治理方面面临可用性、可靠性、安全性等诸多问题。

物联网建设主要面临网络攻击频发、多元设备的互操作性标准建设不够完善和个人隐私安全保护措施尚未完善三大问题[①]。

（1）网络攻击频发

当前，快速发展的物联网已成为网络攻击的主要目标，网络犯罪分子正不断寻找新的安全威胁技术，并试图利用海量物联网设备潜在的漏洞实施网络攻击，导致物联网设备无法正常运转。

（2）多元设备的互操作性标准建设不够完善

在物联网复杂的生态系统中，大量异构的多元设备之间存在广泛连接，为保证连接的有效性，需建立一个由可靠标准构建的技术框架，并在未来几年内获取供应商的支持，进而实现全球性推广，但目前相关工作有所缺失。

---

① 王聪. 数字经济时代物联网安全挑战与应对之策 [J]. 中国安防，2021，4（06）：63-67.

（3）个人隐私安全保护措施尚未完善

随着物联网智能摄像头、智能家电设备愈发受到青睐，不少为生活生产创造了便利条件的物联网终端设备也成为不法分子窃取个人隐私的千里眼、顺风耳。例如，不法分子往往可轻易破解部分智能监控设备，并将破解后获取的数据在互联网上出售，导致消费者的个人隐私严重泄露。目前针对物联网个人信息和隐私保护的政策、标准还不够完善，这也使许多机构在实施物联网设备及数据保护措施方面缺少制度依据。

工业互联网建设主要面临发展观念相对滞后、核心技术积累不足和发展生态有待完善三大问题[①]。

（1）发展观念相对滞后

部分企业的经营理念固化、管理模式僵化，对工业互联网平台的理解和认识不够，缺乏开放共享、包容互惠、勇于变革的精神。同时，目前还有部分企业对于深化工业互联网平台应用在不同行业的实践路径的具体做法尚存疑虑。

（2）核心技术积累不足

目前，国内领先的工业互联网平台无法实现完全国产化，工业互联网平台所依托的软硬件技术主要由国外掌控。此外，传统企业在开展创新应用时缺乏相关行业机理模型和核心算法，工业互联网平台应用落地水平不高。

（3）发展生态有待完善

工业互联网行业上下游间的标准体系暂未统一，工业互联网跨行业、跨领

---

① 王月. 工业互联网平台建设面临的机遇与挑战 [J]. 价值工程，2019, 38 (23)：247–248.

域的综合性平台尚未形成。

卫星互联网建设主要面临频谱利用率低、功耗高，通信卫星建设和运维成本高，卫星网络存在大量无效覆盖，以及终端设备体积大、功率高、资费贵四大问题[①]。

（1）频谱利用率低、功耗高

由于卫星与地面终端之间的路径损耗、大气吸收损耗等远大于地面蜂窝移动通信系统，卫星通信系统必须增大终端的发射功率和天线口径，这直接导致卫星通信的频谱利用效率远低于同期的蜂窝移动通信系统。

（2）通信卫星建设和运维成本过高

尽管随着技术的进步，发射卫星的成本和门槛已大大降低，但通信卫星的维护成本却未得到改善。以通信卫星技术落地过程为例，将地面铁塔平台上的基站搬到空中的卫星平台，其对应的建设成本就会大幅上涨。

（3）卫星网络存在大量无效覆盖

高速运动的地轨卫星无法像传统基站一样固定在人群密度较大的城市中，而是会经过一些地广人稀地区、无人居住的海洋地区等。但卫星网络却需满足人口密集区域的通信需求，这就要求任何区域都要部署高密度卫星群。这直接导致卫星的覆盖和通信密度不成正比，也给卫星互联网星座系统设计和投资带来了巨大的挑战。

（4）终端设备体积大、功率高、资费贵

由于卫星与地面终端之间的路径损耗高、大气吸收损耗高，卫星通信终端

---

① 李力，戴阳利．"新基建"背景下卫星互联网发展的机遇和风险 [J]．卫星应用，2020，4（08）：38-42．

必须增大发射功率和天线口径。在使用低轨卫星进行数据传输的场景下，终端天线的面积就需要一个 iPad 大小，这在一定程度上降低了商业化过程中对消费者的吸引力。

3.2　算力基础设施

算力是指数据的处理能力，其广泛存在于手机、台式计算机、超级计算机等各种硬件设备中[①]。如果无算力支持，软硬件设备将无法正常使用。因此，以数据中心和智能计算为代表的算力基础设施的建设是新基建关注的重点。

3.2.1　算力基础设施是支撑数字经济发展的重要资源

数据中心是用于处理和存储海量数据的服务器或集群，其具有海量数据处理、向计算中心演变和数据容灾备份三大技术特点[②]。

（1）海量数据处理

现代的数据中心架构为海量终端设备产生大规模数据提供优化快速的传输机制，并具备针对海量数据的高度并行处理能力。此外，数据中心涉及大量的硬件资源和高密度计算，赋予了大数据应用程序高吞吐量和低时延处理能力。

---

① 郑纬民. 新基建中的高性能人工智能算力基础设施的架构与测评 [J]. 机器人产业，2020，4（06）：51－56.

② 秦冲，李从岩. 智慧城市大数据中心功能与架构探讨 [J]. 智能建筑与智慧城市，2021，4（06）：14－15.

（2）向计算中心演变

智能时代离不开海量数据的处理、存储和云化，这对数据中心的 IT 基础架构和计算能力提出了更高的要求。未来数据中心必须具备高并发、高性能、高吞吐的计算能力，以满足海量、多样化数据的处理要求，这也意味着计算产业正逐渐进入架构创新的黄金时代。

（3）数据容灾备份

利用数据中心对重要业务数据进行远程备份，确保发生安全事故时能及时恢复原有的本地数据，保证关键应用在一定时间范围内恢复运行。

智能计算是指一种经验化的计算机思考性程序，是辅助人类处理各式问题的具有独立思考能力的系统。其既是对通用计算的延续与升华，也是应对 AI 趋势的新计算形态。智能计算具有数据预处理和过滤、边缘分析、分布式应用、可扩展的部署和安全连接五大技术特点[1]。

（1）数据预处理和过滤

在数据中心传输和存储由传统终端设备生成的数据是非常昂贵和低效率的。智能计算技术可以在边缘处预处理和过滤数据，只将关键信息发送到远端数据中心，从而减少数据的传输和存储成本。

（2）边缘分析

传统智能终端设备的计算资源和计算能力有限，只能执行一些特定的任务。智能计算设备具有分析边缘数据的更强大的处理能力，并利用网络促进智能技术设备之间的知识共享。

---

[1]　牛伟，成娟，高博，赵洋洋. 分布式并行智能计算模型研究 [J]. 信息技术与信息化，2021，4（04）：240–242.

（3）分布式应用

传统智能终端设备上运行的应用程序通常和硬件紧密耦合。而在智能计算设备中，应用程序与底层硬件脱钩，并实现了灵活的体系结构，可允许应用程序在不同智能计算设备之间转移。

（4）可扩展的部署

传统智能终端设备的专有通信协议难以大规模更新和管理，而智能计算设备可以安全地连接到局域网或广域网，并从中央位置轻松部署和管理。

（5）安全连接

传统智能终端设备通常使用专有的通信协议和串行网络接口来提高安全性，但这种安全性是以更高的管理和集成成本换来的。而智能计算设备采用了先进的安全技术，并根据应用程序的特定需求，在整个产品生命周期中提供不同级别的安全性。

3.2.2 算力基础设施应用场景日益丰富

➲ 数据中心

在数字时代，数据已经成为推动社会经济发展的重要资源，因此数据中心的重要性日益凸显。当前，数据中心的应用场景主要有三方面。

（1）政府机构

政府机构拥有海量公共数据资源，其收集的数据类型复杂，非结构化数据较多，需要具备良好计算性能的数据中心支持。

（2）互联网企业

互联网企业横跨领域之多，收集的数据类型包含金融、制造、医疗、交通出行等多个行业的数据，需搭建规模庞大的数据中心来满足不断扩展的业务需求。

（3）传统企业

随着传统企业的数字化转型，其内部本地海量办公数据及生产数据均需上传到云端进行计算、存储和展示，传统企业数据中心的建设也迫在眉睫。

⊃ 智能计算

当前智能计算仍是以特定应用领域为主的弱人工智能，包括图像识别、语音识别、生物识别，以及智能搜索、智能推荐、智能排序等智能算法。商业模式主要集中在应用感知智能技术，如身份认证，基于人脸识别的门禁、打卡及安防，以语音识别、语义理解为核心的智能客服、语音助手等[1]。未来，随着数据量的大幅增长、智能计算能力的大幅提升及算法内核的不断创新，智能计算将飞速发展，与无人驾驶、健康医疗等各个领域结合的深度将进一步加大，并将实现高级智能。

3.2.3 算力基础设施建设如火如荼，但发展之路任重道远

数据中心建设主要面临能耗水平低、地域结构性供需失衡、扩容能力不强和运维模式落后四大问题。

---

① 王蕴韬. "新基建"助推人工智能基础设施全面升级 [J]. 通信世界，2020，4（07）：20–21.

（1）能耗水平低

数据中心耗电量大。虽然我国数据中心的能耗水平有所改善，但较目标值尚有一段差距。

（2）地域结构性供需失衡

由于我国城市经济、人口、产业结构、消费属性存在一定的差异，我国数据中心东部供给不足和西部供给过剩的结构性矛盾较为突出。

（3）扩容能力不强

直播带货、远程办公、在线教育、智慧零售等新场景快速发展，但目前数据中心的可扩容能力不强，宕机、卡顿现象时有发生。

（4）运维模式落后

数据中心在规模和容量快速增长的情况下，随之而来的便是运维管理复杂度和难度日益增大。此外，运维手段和方法过于依赖人工与经验，运维效率和资源利用率过低。

智能计算建设主要面临多元化、巨量化和生态化三大挑战。

（1）多元化

这主要体现在计算场景的复杂、计算架构的多元。智能计算的关键任务是支撑业务发展，而不同的业务类型需要不同的计算系统和多样化的数据类型，同时不同数值精度的计算对应着不同的指令集、架构，这导致之前传统的通用CPU无法满足多元计算场景要求。

（2）巨量化

智能计算拥有巨量模型、巨量数据、巨量算力、巨量应用。具体地说，智能计算模型的参数众多，训练数据量巨大。此外，智能计算的需求呈指数级增长，如深度学习从 2011 年兴起至今，算力需求每隔三四个月就翻一倍，这会引发对现有计算及体系结构的挑战。

（3）生态化

目前，人工智能技术链条和产业链条存在脱节，智能计算在应用层面尚存在传统产品智能化转型和升级困难、算法和模型人才匮乏、开发平台稀少等问题。因此，当前智能计算正处于自成体系、生态离散、产业链上下游脱节的阶段。

3.3　新技术基础设施

以人工智能、云计算、区块链为代表的新技术基础设施是新一代信息技术发展的核心动力。从目前新技术基础设施的发展情况来看，我国在人工智能、云计算和区块链等方面与世界基本保持同步发展。

3.3.1　新技术基础设施是新一代信息技术发展的核心动力

人工智能基础设施是以数据、算法、算力等资源为基础支撑，以智能计算中心、公共数据集、开源框架、开放平台等为主要载体，赋能金融、交通、能源、医疗、制造等行业的基础设施体系[1]。以往人工智能多以互联网产品的形

---

① 王蕴韬.“新基建”助推人工智能基础设施全面升级 [J]. 通信世界，2020，4（07）：20-21.

式展现，人工智能基础设施形态尚未显著。但随着深度学习等算法的日趋成熟、算力的迅猛提升及数据的快速积累，人工智能的应用领域已逐渐从互联网产品向制造业、工业、农业等实体经济，以及医疗卫生、智慧交通、城市管理等公共服务领域扩展。当下，人工智能已赋能生产生活的方方面面，人工智能基础设施的形态特征愈加明显，人工智能产品和服务的提供方式主要有以下几方面。

（1）面向各个领域提供底层人工智能技术

例如，为各领域提供开源 AI 芯片指令集、开源深度学习算法框架等底层基础人工智能技术支撑。

（2）为特定领域提供人工智能赋能产品

例如，为城市管理部门提供城市大脑开放平台、为医疗系统提供医疗影像开放平台、为车联网服务主体提供自动驾驶开放平台等。

（3）为全行业提供普惠人工智能能力

例如，华为现在已经在公有云上提供了 56 种标准的人工智能服务、159 种人工智能功能，可以让 ToB 客户很快将人工智能功能应用起来；百度、阿里巴巴、腾讯、京东等互联网企业也陆续推出了普惠性的 AI 开放平台。

云计算基础设施是内部系统和公共云之间的软件和硬件层，其融合了诸多不同的工具和解决方案，是成功实现云计算部署的重要系统[①]。云计算基础设施具有超大规模、虚拟化、高可靠性和通用性四大特点[②]。

---

① 穆玛. 什么是云计算基础设施 [J]. 计算机与网络，2019，045（004）：38-39.

② 朱敏. 云计算总体技术构架分析 [J]. 电子技术与软件工程，2020，4（22）：163-166.

（1）超大规模

云计算基础设施往往需要大规模数据中心支撑，才可充分保障海量数据的计算和存储。为此，各大云计算基础设施服务商均建立了超大规模的数据中心，依托数以万计的服务器支撑云基础设施的运行。例如，谷歌云计算服务目前部署了100多万台服务器。

（2）虚拟化

云计算中物理平台与应用部署的环境在空间无任何联系，而是通过虚拟平台对相应终端完成数据备份、迁移和扩展等操作。

（3）高可靠性

为了使云计算基础设施的服务免受服务器故障影响，云计算基础设施建设过程中往往会采取计算节点同构可互换、数据多副本容错等安全措施，保障服务的高可靠性。

（4）通用性

云计算基础设施平台可以针对不同的应用灵活构造出多种云应用，可在满足功能要求的同时保证性能的提升。

区块链基础设施是以区块链技术为核心支撑，赋能金融、医疗、交通、司法存证、政务服务、司法体系等各个行业的基础设施体系。区块链基础设施将在数据资产化、数据确权、分布式商业模式建立中发挥重要作用，极大地促进各行业的发展，主要有以下三大功能特点[①]。

---

① 梁伟，李静雯，杨明川，赵君，陈晓益，刘小欧. 区块链基础设施及赋能"云改数转"战略的思考 [J]. 河北省科学院学报，2021，38（01）：24-29.

（1）建立统一的身份体系

传统的身份认证存在许多缺陷，区块链是助力其升级的强力手段。利用区块链的联通特性，可打通不同的验证机构与信息使用方，使身份认证过程更加高效，身份特质更加全面。此外，基于区块链建立的统一身份认证体系可在不同企业或不同部门之间用统一的方式管理用户数据，大大提高了管理效率。

（2）搭建底层数据共享体系

利用区块链分布式、难以篡改等特点，可以有效进行数据确权。此外，区块链在记录数据本身的同时，也会记录数据流转过程，从而促进数据安全共享流通。

（3）建立大规模协作

智能合约使基于区块链的两个人不只是可以进行简单的价值转移，而且可以设定复杂的规则，由智能合约自动执行。机构之间可建立合作规则，把规则写入智能合约，从而快速、大规模地进行协作，而不需要线下协调、签署协议等一系列非常复杂的动作。

3.3.2　新技术基础设施应用场景不断扩大

➲ 人工智能

人工智能应用解决方案极大地推动了传统行业转型升级[①]。

---

① 唐飞泉，杨律铭. 人工智能在银行业的应用与实践 [J]. 现代管理科学，2019，4（02）：55−57.

（1）人工智能应用于医疗行业

人工智能赋能检查、诊断、康复、系统管理、药物研发等各个医疗环节，在实现医疗智能化的同时大大提高了医疗诊断的准确率和医疗服务质量。例如，通过基于深度学习的影像分析大大提升了辅助诊断效率，智能穿戴设备实现了个体健康状况精准化监测，等等。

（2）人工智能应用于交通运输行业

人工智能赋能车辆出行、车主服务、交通系统管理等各个交通运输环节，提升了交通运输管理的智能化水平，大大提高了城市交通便利水平、道路通行速度及人车交互体验。例如，被人工智能赋能的道路管理系统可自动识别异常情况、提前预测拥堵情况，实现实时疏导，提升了道路的整体通行速度。

（3）人工智能应用于金融行业

人工智能赋能数据处理、系统风险控制、个性化服务等各个金融业务环节，实现了传统金融业务运作方式和流程的优化升级，提升了整个金融生态的发展效率。

（4）人工智能应用于制造行业

人工智能赋能产品设计、研发、加工、出售等各个制造环节，在提高设备生产线感知认知能力的同时，也催生了智能机器人、智能网联汽车等新兴智能产品，实现了制造业智能高质量发展。

⊃ 云计算

云计算使企业可快速部署最新的技术，使用最新的软件，而无须投入大量的时间和资源进行设置、维护和升级基础 IT 设施[①]。为此，当前云计算服务提供商在不断努力开发各种不同的应用方式，以满足不同类型用户的需求。

（1）电子邮箱

电子邮箱作为流行的网络信息服务之一，其形式也在不断演变。传统的电子邮箱使用物理内存来存储通信数据，而云计算使电子邮箱可使用云端资源来检查和发送邮件，从而使用户可在任何地点、设备和时间访问自己的邮件，实现更快和更可靠的交流。

（2）数据存储及分析

当前，数据正从本地分散式存储向云端集中式存储转型。用户可以将重要文件和数据存储在互联网云端，并借助强大的云计算能力实现随时随地访问。云服务商的在线存储服务为用户提供了广泛的产品选择和独有的安全保障，使其能够在免费使用与个性化定制之间自由选择。

（3）虚拟办公

平台企业可通过"租"服务，而不是"买"软件来开展业务部署。使用虚拟办公应用可使企业的关注点集中在业务上，并可通过进一步提高可访问性实现轻量办公。谷歌的 Google Docs 虚拟办公系统、微软的 Office Live 等都是典型的虚拟办公服务。

（4）业务扩展

由于大部分云服务商具有满足定制化需求的能力，当企业需要实施业务拓展时，企业可根据现有业务容量决定所需要投资的计算成本，而无须受困于业

---

① 李楠. 云计算促进企业数字化转型升级之路 [J]. 数字通信世界，2020，4（12）：125-126.

务扩张风险，并确保自身可以较少的成本获取较强弹性的计算能力。

⊃ 区块链

近年来，区块链技术从以尝试为主的非核心技术，一跃成为充分带动行业经济发展水平的核心技术力量。目前，区块链在金融、政务服务、司法存证、医疗健康、征信等众多领域均有不同程度的应用进展[①]。

（1）金融领域

基于分布式架构、块链式结构方式及时间戳等独特的技术方式，区块链被广泛运用于金融领域的跨境支付、贸易融资、供应链金融、企业贷款、数字资产、电子签章等业务方向。随着我国数字货币的使用场景愈加丰富，用户对区块链的接受度不断增加。目前，以区块链为底层技术的数字货币已经覆盖购物消费、工资支付、交通出行、旅游外出、外卖结算和学费支付等各类场景。

（2）政务服务领域

随着区块链基础设施的建设，凭借其分布式协同、身份验证、可追溯、难以篡改等优势，"数据孤岛"、数据流通过程中的追溯、权责界定等传统政务信息化难题逐步化解。

（3）司法存证领域

利用区块链技术结构中的数据可对比及可追溯性，构造出记录数据全生命周期流程的闭环系统，实现对从前期数据生成到后期数据检验的全过程的追溯，降低了存证成本，提高了存证效率。

---

① 陈春子，孙凝. 区块链在商业银行的应用价值与对策 [J]. 金融科技时代，2021，29（07）：90–93.

（4）医疗健康领域

区块链能够实现健康数据安全共享、保护个人数据隐私，并拥有开发编纂智能合约的自治性。无论是健康生产、健康金融、健康养老，还是健康服务业，已有多个区块链的应用场景在如火如荼地建设和实施中。

（5）征信领域

在区块链征信共享平台上，各金融机构的客户信用表现数据上链，原数据在本地保存，数据摘要和在各链上的节点同步，以确保原数据难以篡改。

3.3.3　新技术基础设施建设面临三大挑战

当前，人工智能基础设施建设主要面临 AI 算法场景落地转化难、AI 框架软件生态建设难和 AI 芯片自主研发难三方面的挑战[①]。

（1）AI 算法场景落地转化难

对于 AI 技术常见的基础算法，我国各大高校团队一直有深入研究。但是，这些算法在科研成果转化领域一直发展缓慢，难以实现技术向生产力的转化。

（2）AI 框架软件生态建设难

我国的 AI 框架软件起步较晚，而且主要面向非开源自用，尚未培育出自己成熟的生态环境。此外，由于当前 AI 框架软件与 AI 硬件相互适配的程度较低，建设面向行业应用的软硬件一体化平台具有一定的阻碍。

（3）AI 芯片自主研发难

AI 芯片可支撑深度神经网络训练及推理过程所需要的算力，尤其在处理

---

① 石健，蒲松涛. AI 新基建 新机遇 新挑战 [J]. 互联网经济，2020，4（05）：12-17.

海量数据时明显优于传统 CPU。但是，AI 芯片的自主研发成本高，所需投入的资金规模较大，短期回报有限，这些成了诸多中小企业自主研发芯片的现实困境。

当前，云计算基础设施建设主要面临技术不成熟、数据安全保障难、运维管理成本过高三方面的挑战[①]。

（1）技术不成熟

目前，云计算服务在性能、可靠性和可用性方面还未完全达到机构使用要求，获取稳定且安全的云服务需要一定时间的技术更新和迭代。

（2）数据安全保障难

数据在云端的传输和存储存在诸多不安全性问题，网络和数据安全防护措施的不完善极易造成数据泄露、数据窃取等安全风险。

（3）运维管理成本过高

与一般操作系统相比，云计算相关平台的技术复杂度和管理要求更高。这对于诸多云计算基础设施运营管理机构而言，云计算运维成本已超过了其带来的可观收益，导致部分机构开展云计算基础设施建设的意愿不够强烈。

当前，区块链基础设施建设主要面临人才储备极为不足、应用模式不成熟和社会影响不确定三大挑战[②]。

（1）人才储备极为不足

区块链是至今能在全世界范围迅速引发关注的少数技术之一，因此整个行

① 胡子慧. 云计算背景下计算机安全问题及对策研究 [J]. 电脑知识与技术，2021，17（14）：22-23.
② 王元丰. 区块链发展面临三大挑战 [N]. 环球时报，2020-02-27（015）.

业对区块链人才的需求一直呈快速增长的趋势。但是，目前区块链的发展速度和人才培养速度严重不匹配。

（2）应用模式不成熟

目前需求侧对区块链技术比较陌生、认识不足，甚至存在误解，导致无法制定规划、正确决策。同时，供给侧联盟链技术市场尚不发达，难以提供多样化、强有力的支撑。这两方面成为区块链大规模应用的阻碍。

（3）社会影响不确定

区块链不同于传统的技术创新，它可能对政治、社会和经济学基本理论产生深刻影响。具体地说，区块链技术出现的主要原因之一就是可以解决当前各领域存在的数据不透明、中心化和腐败等问题，而区块链网络的去中心化、公开透明、完全基于规则的特点无疑会对现实世界固有的传统模式造成巨大的冲击。

第 4 章

数字产业化的发展现状及问题

传统信息技术产业、新兴信息技术产业、数字资产及相关服务业是数字产业化发展的三大主力。其中，传统信息技术产业是基础，新兴信息技术产业是主导，数字资产及相关服务业是未来新增长点。同时，本章也讲述了数字产业化发展过程中可能存在的一系列问题。

4.1　传统信息技术产业

传统信息技术产业是数字产业化发展的基础力量，为我国数字化进程提供技术、产品、服务和解决方案，主要包括电子信息制造业、基础电信业、互联网和相关服务业、软件和信息技术服务业四类。

4.1.1　电子信息制造业

电子信息制造业是利用电子信息技术所从事的，与电子信息产品相关的设备生产、硬件制造、系统集成、软件开发及应用服务等软硬件的产业集合。电子信息制造业是在电子信息发展及应用的过程中产生的，主要通过研制与生产各种电子仪器及设备、与电子设备相关的电子元件及电子器件，实现人们对信息化时代电子产品的需求。目前，由电子信息制造业形成的产业，已成为集信息采集与加工、电子产品生产、成品检测、信息存储转换与传递、软件与信息服务、产品分配及应用等于一体的产业集群。

随着科学技术不断发展，人们的生活水平不断提升，大众的需求也随之升级。当下家用电器类、电子类产品及手机等智能终端类产品的快速迭代，带动了电子信息制造业的迅猛发展。国家统计局数据显示，2021 年规模以上电子信息制造业增加值同比增长 15.7%，增速同比提高 8%，保持稳定增长的趋势；规

85

模以上电子信息制造业实现营业收入同比增长 14.7%，增速同比提高 6.4%。

我国电子信息制造业是劳动密集型产业，正处于从粗放型发展模式向创新驱动的集约型发展模式转变的阶段，更加注重产品质量与产业效益。对于国内市场来说，电子信息制造业是我国重要的战略型产业，对于我国信息产业建设、制造业转型升级、国防防御建设和国家安全建设，都具有一定的根本性、战略性和前瞻性意义。而对于世界市场来说，电子信息制造业是当今全球化程度最高的产业，是争夺国际市场地位的重要产业。我国大力支持并鼓励电子信息产品的出口，促进自身在电子信息制造业的国际分工中发挥了劳动的成本优势，扩大了出口规模。工业和信息化部数据显示，2021 年我国规模以上电子信息制造业出口交货值同比增长 12.7%，增速比上年加快 6.3 个百分点。现阶段，我国企业依靠国际社会给发展中国家提供的相关政策支持，不断发展电子信息制造业出口贸易，推动电子信息制造业出口额持续增长。

4.1.2　基础电信业

基础电信业是指提供公共网络基础设施、公共数据传送和基本语音通信服务的产业，其业务包括以下几种：固定通信业务；移动网络电话和数据业务；卫星通信及卫星移动通信业务；互联网及其他公共数据传送业务；带宽、波长、光纤、光缆、管道及其他网络元素出租与出售业务；网络承载、接入及外包等业务；国际通信基础设施、国际电信业务；无线寻呼业务；转售的基础电信业务等。基础电信业一端连接着信息通信制造业和软件服务业，另一端连接着互联网和各行各业信息化应用，对社会信息化水平提升和网络经济空间拓展起到了关键性作用。

近年来，我国积极推进网络强国战略，加强电信基础设施建设，大力普及 5G 服务，基础电信业产业规模逐步提升。工业和信息化部的《2021 年通信业统计公报》显示，2021 年，我国电信业务总量达到 1.7 万亿元，相比 2020 年增长了 27.8%；电信业务收入达到 1.47 万亿元，相比 2020 年增长 8.0%。一方面，基础设施建设有序推进，通信业发展水平和服务能力大大提高。截至 2021 年底，全国光缆线路总长度已达 5488 万千米，我国互联网宽带接入端口数量达到 10.18 亿个，其中光纤接入端口占比超过 94%。我国 5G 独立组网初步实现规模商用，全国累计建设 5G 基站达到 142.5 万个，5G 网络建设加快，网络覆盖持续推进。另一方面，宅家经济和智慧消费升级，推动固网通信业务持续增长。2021 年受新冠肺炎疫情和 5G 技术进步等多重因素影响，人们的生活和工作方式数字化进程加快，远程协同的办公、教育、消费模式加速普及，极大地刺激了固定通信领域的高速率家庭宽带、网络电视等消费需求，推动了家庭通信消费水平持续升级。

4.1.3　互联网和相关服务业

互联网和相关服务业包括互联网接入和相关服务、互联网信息服务、互联网平台、互联网安全服务、互联网数据服务和其他互联网服务。在"互联网 +"时代，凭借速度高、成本低、范围广的行业特性，互联网和相关服务业已渗透到社会经济生活的各个领域，为人们日常工作、学习和生活提供了极大的便利。

随着互联网的普及和技术的进步，各种不同形式的网络应用不断涌现，互联网应用的领域不断拓宽，由早期的信息浏览、电子邮件，发展到网络娱乐、信息获取、交流沟通、商务交易及政务服务等多元化应用。2021 年，我国规模以上互联网和相关服务企业实现业务收入 15500 亿元，同比增长 21.2%。其中，互联网企业共完成信息服务收入 8254 亿元，同比增长 17%，在互联网业务收入中占比约为 53.25%，音视频服务领域、新闻和内容服务类企业收入持续较快增长。

在大力发展互联网产业的背景下，我国互联网用户规模逐渐扩大，互联网普及率逐步提升。2021 年，我国互联网宽带接入用户达到 5.36 亿户，比 2020年增加了 0.52 亿户，增长率为 10.74%；移动互联网用户达到 16.43 亿户，比2020 年增加了 0.49 亿户。截至 2021 年底，我国国内市场上监测到的应用程序（App）数量为 252 万款，游戏类应用规模保持领先。

4.1.4 软件和信息技术服务业

软件和信息技术服务业是指利用计算机、通信网络技术等对信息进行生产、收集、处理、加工、存储、运输、检索和利用，并提供信息服务的业务活动，其业务形态主要包括信息技术咨询、信息技术系统集成、软硬件开发、信息技术外包和业务流程外包等。软件定义不再仅限于计算、存储、网络等传统意义的基础硬件资源，同时还覆盖云网端等软硬件与数据和服务资源。

软件和信息技术服务业是国家战略性新兴产业，我国出台了《中华人民共和国国民经济和社会发展第十四个五年规划纲要》《国务院关于印发新时期促进集成电路产业和软件产业高质量发展若干政策的通知》等政策文件，纷纷提出发展数字经济、延长税收优惠政策期限、加快新兴技术创新应用等，为软件业的提质扩容提供了重要支撑条件，软件和信息技术服务业发展进入融合创新、快速迭代的关键期。工业和信息化部数据显示，2021 年全国软件和信息技术服务业规模以上企业超过 4 万家，累计实现软件业务收入 94994 亿元，同比增长 17.7%。其中，信息技术服务加快云化发展，嵌入式系统软件已成为产品和装备数字化改造、各领域智能化增值的关键性带动技术。国内开源发展环境持续优化，以阿里巴巴、华为、腾讯等为代表的软件龙头企业积极构建开源创新生态，开源软件迎来高速发展期。随着开源技术的进一步提高，国内开源软件规模将不断扩大，影响力将持续上升，由开发者、使用者多方参与的开放式发展环境和创新模式将进一步普及。

4.2 新兴信息技术产业

新兴信息技术产业是数字产业化发展的主导力量，为我国数字经济的发展提供了新技术新应用，主要包括物联网、工业互联网、大数据、云计算、人工智能、区块链、虚拟现实与增强现实七类。

4.2.1 物联网

⊃ 物联网的概念

物联网是第三次信息科学技术产业革命的重要产物，其将"互联网"的概念扩展到物与物之间信息交换和通信的网络。1998 年，美国麻省理工学院创造性地提出了广义的物联网概念，即电子产品编码（Electronic Product Code，EPC）系统的"物联网"构想。普遍公认的物联网概念是由美国麻省理工学院自动识别中心（Auto-ID）于 1999 年提出的，即通过射频识别阅读器、传感器、红外感应器、全球定位系统、激光扫描器等信息传感设备或系统，按约定的协议把任何物品与互联网连接起来，进行通信和信息交换，以实现智能化识别、定位、跟踪、监控和管理的一种网络或系统。随着技术的加速发展和应用的不断深入，物联网的概念逐渐丰富，不再单指 RFID 技术，其范围已经从技术领域拓展到了行业应用。国际电信联盟（International Telecommunication Union，ITU）在《ITU 互联网报告 2005：物联网》中指出，在物联网中，一个牙刷、一条轮胎、一座房屋甚至一张纸巾都可以作为网络的终端，即世界上的任何物品都能接入网络。物与物之间的信息交互不再需要人工干预，物与物之间可实现无缝、自主、智能的交互。换句话说，物联网是以互联网为基础，主要解决人与人、人与物、物与物的互联和通信问题。欧盟委员会将物联网定义为计算机网络的拓展，通过嵌入复杂的系统，利用传感器获取周围的环境信息，进而实现物与物之间的信息响应和处理。目前国内被广泛接受的定义来源于《中国物联网发展蓝皮书》，物联网是一个通过信息技术将各种物体与网络相连，以帮助人们获取所需物体相关信息的巨大网络。物联网通过使用射频识别阅读器、传感器、红外感应器、全球定位系统、激光扫描器等信息采集设备或系统，通过无线传感网、无线通信网络把物体与互联网连接起来，实现物与物、人与物的实时通信和信息交换，以达到智能化识别、定位、跟踪、监控和管理的目的。

⊃ 我国物联网产业的发展历程 ①

我国物联网产业发展主要可分为三个阶段，分别是自然发展阶段、生态意

---

① 邱善勤. 物联网产业发展阶段分析 [J]. 中国科技投资，2010，4（10）：27−29.

识阶段和生态系统阶段。

（1）自然发展阶段（1990—2009 年）

在自然发展阶段，物联网在实验室萌芽，随着技术发展不断扩大应用范围，演进到小规模产业化和应用阶段，物联网的相关技术标准、网络基础、产业和应用也随之发展起来。该阶段物联网的感知能力还比较弱，只能基于现有网络实现一些小规模应用，该阶段的特征是自发、无意识、零散、小规模。

在技术标准方面，我国已有一些科研院所和企业开始在 RFID、无线传感器网络等相关领域进行科研及产业化攻关，突破了一批关键技术。RFID 和传感器等技术实现了小规模的应用和产业化。一些标准工作组零散地分布在各个行业领域，进行物联网相关标准的研制工作，并且取得了初步进展。RFID 标准体系初步形成，传感网标准工作开始启动，我国在国际标准制定中取得了一定的话语权。

在网络基础方面，由于该阶段物联网应用较零散、不成体系，并未形成规模发展的态势，而且网络仅仅作为业务管道使用，因此现有网络的剩余能力完全可以支持物联网业务，还不需要对网络进行改造，网络处于混同承载阶段。

在产业发展方面，物联网产业还处于初创阶段。一是初步形成传感器与RFID 等感知器件、网络设备及终端等物联网制造业，以及通信网络服务、软件与集成服务、应用服务等物联网服务业，但产业链还不完善，传感器及芯片、中间件应用开发及系统集成等关键环节多为国外主导。二是产业规模还不大，仅在部分设备制造业领域形成一定的产业规模。例如，2009 年 RFID 产业规模达到 85 亿元，传感器产业规模接近 600 亿元。物联网相关服务产业刚刚起步，尚未形成规模。电信运营商开始着手规划 M2M 应用，初期主要扮演数据通道的角色。

在应用服务方面，随着无线传感网、RFID 等相关技术发展，物联网应用在第二代身份证、奥运门票、物流通关等领域开始出现。在该阶段，物联网的应用需求和范围较小，主要局限于政府等部门，尚未形成成熟的商业模式和消费市场。

（2）生态意识阶段（2009—2015 年）

在生态意识阶段，我国明确提出了着力发展物联网产业，中央及地方政府开始有意识地培育物联网产业，制定产业发展规划。政府的引导和扶持吸引了众多科研院所、企业、组织机构参与进来，物联网技术加速发展，物联网应用开始走进公众的生活。在政策推动下，物联网产业进入快速发展阶段，广泛实现物与物之间的互联，通过信息有限感知和有限传送实现更大范围特定领域的应用。该阶段的主要特征是政府驱动、企业积极参与、示范应用项目和技术标准工作加速推进、规模快速扩大、行业性和区域性明显。

在技术标准方面，政府有意识地扶持重点技术研发，科研院所、高校、企业加大自主研发力度，实现大批核心技术的突破。同时，物联网的快速和大规模发展不断催生新技术，物联网安全仅靠简单的防护系统已经不能保障，安全技术成为关注焦点。该阶段开始出现统一的物联网标准组织，在已有成果的基础上更有方向性和目的性地开展物联网技术标准研究，初步建立了较完备的物联网产业标准体系。

在网络基础方面，由于物联网的接入终端和业务量不断增多，网络末端逐步增加把物体接入网络的能力。同时，现有网络能力不足以满足物联网业务的发展需求，需要对网络系统进行改造和优化。网络逐渐从混同承载阶段过渡到区别承载阶段，已经能够通过对通信设备的辨别，区别处理来自人与人的传统通信和来自物联网的数据通信。该阶段以移动通信网为主，只能实现有限的信息传送。

在产业发展方面，物联网产业处于快速成长阶段。该阶段将形成完整的产业链，并在更多领域形成大规模应用。在政府的驱动下，物联网相关芯片设计制造、设备制造、系统集成和应用服务等传统产业都将实现产业规模的大幅度增加。同时，以独立的物联网服务提供商为代表的新的物联网产业链环节开始出现。该阶段培育了更多本土企业，逐渐拥有更多具有自主知识产权的高端产品。

在应用服务方面，政府推动的应用示范工程成为主要驱动力。物联网应用主要在城市管理、市政管理、交通、社区、环保、安全生产监管、电网、物流、零售、农业、医疗等公共管理服务和行业应用领域推广。基于消费领域的市场需求逐渐出现，但市场增量需求仍旧缺乏，客户认知度不高。将通信能力植入机器、以机器终端智能交互为核心、网络化的 M2M 应用与服务成为该阶段物联网的普遍应用形式。该阶段应用以垂直型的行业应用为主，各行业分别部署自己的应用系统，各地政府在各自区域部署物联网应用，区域间尚未形成互联互通。该阶段物联网的行业性和区域性十分明显。

（3）生态系统阶段（2015 年至今）

在生态系统阶段，物联网相关技术和产业相对成熟，物联网应用开始融入公众的生产生活，应用范围更加广泛，业务种类更加丰富，市场蕴含更多潜力。广阔的市场空间成为该阶段物联网产业发展的主要动力，吸引众多商业机构涉足物联网领域，进一步挖掘物联网的价值，为物联网带来新的飞跃。该阶段通过信息全面透彻感知和多种通信技术相结合，逐步实现半智能化及全智能化，形成跨行业、跨区域高度融合的生态系统，改变社会生产和生活方式。我国物联网技术、标准应用、产业方面的国际竞争力增强，国际化趋势明显。该阶段的主要特征是市场驱动、以企业为主体、体系完善（包括产业体系、标准体系、服务体系、保障体系、创新体系）、规模庞大、高度融合、商业模式成熟、业务种类繁多、应用领域广阔、国际化明显。

在网络基础方面，随着物联网应用规模扩大，庞大的物联网接入终端和业务量需要能够融合、协同和互操作的网络，并需要独立的网络通道实现可靠传输，以保证物联网业务不影响现有的通信业务。因此，网络资源将高度协同和融合，并从区别承载阶段过渡到独立承载阶段。未来异构网络是多种接入技术并存、协同工作、支持多种移动性的可信任有保障的全 IP 融合网络，将形成无所不在的综合通信系统，从而实现信息的更自由传送。

在产业发展方面，物联网产业链上各个环节都走向成熟，产业规模达到万亿元级，形成较完善的产业体系。物联网运营环节开始出现大规模的物联网服务提供商，专门为客户提供物联网网络连接、应用平台、行业解决方案及测试认证等服务。该阶段涌现出更多掌握自主知识产权的本土龙头企业引领产业发展，这些企业通过资本运作、并购等方式实现更大规模的扩张，在国际上取得了优势地位。

在应用服务方面，物联网应用极大丰富，行业和消费市场成为物联网的主要应用领域，形成公众应用为主、垂直型行业应用和水平型跨行业应用并存的发展态势。公众领域日益增长的市场需求成为物联网应用发展的主要驱动力。

客户认知度的大幅提高，带动了标准化产品的增多、成熟商业模式的形成和市场规模的扩大。网络层上将建立具有通用能力、共用平台的业务控制层，形成各区域、各行业、各领域高度融合的生态系统，提供将感知、通信、处理能力植入物体，具有全面感知、可靠传输和智能处理特征的真正意义上的物联网应用。

➲ 产业发展现状

（1）政策推动物联网应用与融合

自 2013 年《物联网发展专项行动计划》和《关于推进物联网有序健康发展的指导意见》发布以来，我国积极鼓励应用物联网技术促进生产生活和社会管理方式向智能化、精细化、网络化方向转变，目标是实现物联网在经济社会各领域的广泛应用，掌握物联网关键核心技术，基本形成安全可控、具有国际竞争力的物联网产业体系，成为推动经济社会智能化和可持续发展的重要力量。近两年，物联网相关的政策文件更是层出不穷。2020 年 3 月，工业和信息化部发布了《中小企业数字化赋能专项行动方案》，指出搭建技术水平高、集成能力强、行业应用广的数字化平台，应用物联网、大数据、边缘计算、5G、人工智能、增强现实 / 虚拟现实等新兴技术，集成工程设计、电子设计、建模、仿真、产品生命周期管理、制造运营管理、自动化控制等通用操作系统、软件和工具包，灵活部署通用性强、安全可靠、易二次开发的工业 App，促进中小企业生产要素数字化、生产过程柔性化及系统服务集成化。2020 年 5 月，工业和信息化部发布了《关于深入推进移动物联网全面发展的通知》，提出了加快移动物联网网络建设、加强移动物联网标准和技术研究、提升移动物联网应用广度和深度、构建高质量产业发展体系、建立健全移动物联网安全保障体系五个重点任务。2020 年 6 月，工业和信息化部发布了《关于进一步加强工业行业安全生产管理的指导意见》，指出推动互联网、大数据、物联网、人工智能等技术在安全生产领域广泛应用，用智能化、信息化手段提升企业本质安全水平及工控安全、数据安全管理能力。工业和信息化部等十五部门联合印发了《关于进一步促进服务型制造发展的指导意见》，提出推行定制化服务，综合利用 5G、物联网、大数据、云计算、人工智能、虚拟现实、工业互联网等新一代信息技术，建立数字化设计与虚拟仿真系统，发展个性化设计、用户参与设计、交互设计，推动零件标准化、配件精细化、部件模块化和产品个性化重组，推进生产制造系统的智能化、柔性化改造，增强定制设计和柔性制造能力，发展大批量个性化定制服务。2021 年 6 月，工业和信息化部发布了《工业互联网和物联网无线电频率使用指南（2021 年版）》，强调基本原则为依法使用、协调发展、鼓励创新，适应工业互联网和物联网泛在化、个性化、定制化需求，充分考虑技术体制和标准的多样性，提高不同应用场景与频率资源使用的适配度，鼓励以 5G 公众移动通信网络为主，其他方式为补充，承载工业互联网和物联网业务。2021 年 9 月，工业和信息化部联合七部委印发了《物联网新型基础设施建设三年行动计划（2021—2023 年）》，以支撑制造强国和网络强国建设为目标，打造支持固移融合、宽窄结合的物联网接入能力，加速推进全面感知、泛在连接、安全可信的物联网新型基础设施。

（2）物联网产业呈现蓬勃发展态势

以数字化、网络化、智能化为本质特征的第四次工业革命正在兴起。物联网终端用户规模持续扩大，电信企业提供的物联网行业应用越发丰富，泛智能终端产品在公共事业、智慧交通、智慧社区、智能制造等领域不断普及。根据赛迪顾问的统计数据，截至 2021 年底，我国物联网市场规模已超过 2.5 万亿元，在行业龙头不断加码跟进的背景下，预计 2022 年我国物联网市场规模可达 3 万亿元。随着新基建的加快推进，物联网终端用户规模持续扩大，截至 2022 年 3 月末，三家基础电信企业物联网终端用户达到 15.2 亿户，相比 2021 年末增加 1.19 亿户，呈现较快的增长势头。

（3）物联网安全需求快速增长

物联网安全行业在我国起步较晚。在 2015 年以前，由于物联网安全技术成熟度较低、普及程度不高、重视程度不足，因此物联网安全行业在我国的发展速度较缓慢。根据 IDC 数据，截至 2015 年，我国的物联网安全行业市场规模不足 40 亿元。自 2015 年 5 月起，多项新政策相继出台，包含制造、交通等多个行业提出在"十三五"期间，加强现代化信息基础设施和智慧城市中物联网安全的建设力度。随着安全技术的突破及顶层设计的不断完善，物联网安全行业的发展速度逐步提升，物联网安全需求也在快速增加。根据华经产业研究院数据，物联网安全行业产业链的上游主要包括设备供应商、基础硬件供应商、基础软件供应商等资源提供商。其中，国内厂商在传输层芯片技术方面表现突出，但是感知层芯片技术主要掌握在海外厂商手中。中游为综合型物联网安全供应商和垂直型物联网安全供应商，综合型物联网安全企业占据中游整体参与者的 40%，而垂直型物联网安全企业占据中游参与者的 60%。下游为应用领域，主要包括政府、个人和企业用户。其中，政府是物联网安全行业占比最高的行业用户，占比高达 30%；而金融、电力作为反映我国基础民生状况的行业，用户占比较高，分别为 15% 和 11%。

4.2.2 工业互联网

⊃ **工业互联网的概念**

工业互联网（Industrial Internet）的概念是由通用电气公司于 2012 年提出的。随后，通用电气公司联合 IBM、思科、英特尔和 AT&T 等五家美国公司于 2014 年成立了工业互联网联盟（Industrial Internet Consortium，IIC）。2013 年 6 月，工业互联网的概念首次被通用电气公司引入我国。

目前，对工业互联网的概念较常见的表述如下：工业互联网是开放、全球化的网络，将人、数据和机器连接起来，属于泛互联网的目录分类。然而，上述概念表述较宽泛，没有明确说明工业互联网与现有互联网的本质区别，也没有涉及工业互联网的主要目标和核心技术。IIC 将工业互联网定义为"一种物品、机器、计算机和人的互联网，它利用先进的数据分析法，辅助提供智能工业操作，改变商业产出的形式。它包括全球工业生态系统、先进计算和制造、普适感知、泛在网络连接的融合"。

工业互联网是关键网络基础设施，其发展与推进不仅依托现有互联网，而且还会促进现有互联网的演进。工业互联网包括企业内网、企业外网和标识解析，能满足制造企业安全、实时、可靠的要求。其中，企业外网用于连接企业上下游、企业与智能产品、企业与用户等主体；企业内网用于连接在制品、智能机器、工厂控制系统、工厂云平台（及管理软件）、智能产品、人等主体，包括工厂 IT 网络和工厂 OT 网络。工业互联网的标识是识别和管理物品、信息、机器的关键基础资源，是整个网络实现互联互通的关键基础设施。

⊃ **我国工业互联网的发展历程**

党的十七大提出"大力推进信息化与工业化融合",十八大又进一步提出"两化"深度融合是我国走新型工业化道路的重要途径和必然选择。智能制造是两化融合的重点工作,是两化深度融合的集中体现。工业互联网则是智能制造的核心,是实现智能制造的关键基础设施。因此,工业互联网对两化融合发展具有重要的推动作用。

2017 年以来,我国工业互联网发展步入快车道。经过初步探索,我国基本实现了《深化"互联网+先进制造业"发展工业互联网的指导意见》和《工业互联网发展行动计划(2018—2020)》中确定的阶段性发展目标,有力支撑了"两个强国"建设任务,顶层设计初步建立完成、工业产业规模及参与主体不断发展壮大、工业互联网产业体系初步形成、工业互联网基础设施初步建设完成,对经济社会发展的带动效应显著增强,形成了战略引领、政策支持、产业推进、技术创新良性互动的局面。

目前,我国正处于实践深耕期,随着新基建及数字经济的发展,必将迎来新一轮高速增长。我国工业互联网的发展可以分为三个阶段,其阶段特征如下。

(1)探索发展期(2013—2017 年)

探索发展期主要涉及对工业互联网概念的普及、应用模式探索。在这个阶段,企业转变以设备销售为主的商业模式,开始提供依托设备展开的增值服务和创新服务,从以设备输出为主转变为以服务输出为主,实现对传统设备制造产业的转型升级;我国的 TCL、航天科工、海尔、华为等公司在厘清概念后迅速走上了转型之路。

（2）实践深耕期（2018—2020年）

实践深耕期的主要特征是工业互联网产业联盟和合作组织诞生、工业产业规模及参与主体不断发展壮大、工业互联网产业体系初步形成、工业互联网基础设施建设初步完成。一是我国初步形成了以工业互联网产业联盟为主的"一大联盟"与从供给侧与需求侧出发推动工业互联网发展的"两大阵营"格局。二是随着工业互联网发展逐步深入，我国工业产业规模与参与主体稳步提升，传统工业支撑体系加速变革，推动新兴产业发展，初步形成了工业互联网的核心产业体系。三是我国工业互联网基础设施初步建设完成。工业互联网网络建设与改造成效显著，工业互联网平台规模快速扩大，支撑能力不断提高。四是我国工业互联网标识解析体系初步建立，以国家顶级节点为核心工业互联网标识解析体系成效初显，一体化格局初步形成。

（3）规模发展关键期（2021年至今）

规模发展关键期的主要特征是我国基本形成了具有一定国际竞争力的基础设施和产业体系。我国工业互联网从无到有，逐渐形成了自己的认识体系、实现路径和实践成果，有力地促进了产业数字化转型和经济高质量发展。工业和信息化部已推动建设5G虚拟专网、混合专网近2800个，高质量外网覆盖全国300多个城市。工业互联网平台体系加快形成，32个重点平台连接设备超过7900万台（套），服务工业企业超过160万家。同时，工业和信息化部培育8个国家级工业互联网产业示范基地，遴选381个试点示范项目，推动工业互联网日渐深入万企千园、加速赋能千行百业。目前，工业互联网已经全面融入45个国民经济大类，助力制造业、能源、矿业、电力等各大支柱产业数字化转型升级，形成东中西部错位发展、均衡分布、协同互补的良好格局。

⊃ 产业发展现状

（1）工业互联网顶层政策体系不断完善

2015 年 7 月，国务院出台了《关于积极推进"互联网 +"行动的指导意见》，第一次提出研究工业互联网网络架构体系，工业互联网成为我国开展"互联网 +"、两化融合等行动的重要组成部分。2017 年 11 月，国务院出台了《深化"互联网 + 先进制造业"发展工业互联网的指导意见》，标志着工业互联网正式上升为国家战略。2018 年 7 月，工业和信息化部印发了《工业互联网平台建设及推广指南》和《工业互联网平台评价方法》，强调加快发展工业互联网平台，并通过评价方法规范和促进我国工业互联网平台发展。2019 年 11 月，工业和信息化部出台了《"5G + 工业互联网"512 工程推进方案》，明确到 2022 年将突破一批面向工业互联网特定需求的 5G 关键技术，"5G + 工业互联网"的产业支撑能力显著提升；打造 5 个产业公共服务平台，构建创新载体和公共服务能力；加快垂直领域"5G + 工业互联网"的先导应用，内网建设改造覆盖 10 个重点行业；打造一批"5G + 工业互联网"内网建设改造标杆、样板工程，形成至少 20 大典型工业应用场景；培育形成 5G 与工业互联网融合叠加、互促共进、倍增发展的创新态势，促进制造业数字化、网络化、智能化升级，推动经济高质量发展。2020 年 3 月，工业和信息化部发布了《关于推动工业互联网加快发展的通知》，指出加快新型基础设施建设、加快拓展融合创新应用、加快健全安全保障体系、加快壮大创新发展动能、加快完善产业生态布局、加大政策支持力度 6 方面 20 条举措，为我国加快工业互联网创新发展提供了行动指南。2021 年 1 月，工业和信息化部发布《工业互联网创新发展行动计划（2021—2023 年）》，提出了 5 方面、11 项重点行动和 10 大重点工程，推动产业数字化，带动数字产业化。2021年12月，工业和信息化部等八部门联合发布了《"十四五"智能制造发展规划》，提出到2025年要建成120个以上具有行业和区域影响力的工业互联网平台。可以预见，未来三年将是我国工业互联网的快速成长期。

（2）工业互联网产业规模持续增长

中国工业互联网研究院数据显示，预计2022年，我国工业互联网产业规模将达到4.45万亿元，占GDP的比重预计将上升至3.64%，成为稳定经济增长的关键动力。随着5G、大数据、人工智能等新技术的不断发展，工业互联网不断构建新兴生态体系，以技术创新促进产业变革。其中，5G技术作为当今核心通用技术，为支撑工业互联网技术的发展与创新奠定了基础。我国不断推进"5G＋工业互联网"融合创新，全国相关建设项目超过1500个，工业互联网创新发展工程顺利推进，取得了良好的成果。截至2022年6月，工业互联网产业联盟成员单位已达2297家。随着相关技术的逐步完善，我国工业互联网标准体系逐步丰富，研发工作逐步深入，各类应用逐步落地，工业互联网对制造业数字化转型和实体经济高质量发展的支撑作用日益显现。

在平台创新方面，工业互联网平台发展壮大，解决方案不断丰富。截至2022年6月，具有行业、区域影响力的工业互联网平台超过150个，连接工业设备数量达7800万台（套），工业App突破60万个。工业互联网积极与新兴前沿技术融合创新发展，培育形成创新解决方案。在解决方案方面，人工智能和工业相结合成为新的发展热点。随着企业制造水平的升级和相关标准的逐步规范，高端制造业对通过智能化应用降低生产成本的需求显著提高。当前，人工智能和工业相结合的解决方案的主要形式是为机器人企业、智能设备企业和工业互联网解决方案企业提供技术服务并联合服务制造业客户。其核心的智能视觉包括 3D 视觉与自主路径规划、机器视觉技术、一体化解决方案、视觉图像算法、智能视频解决方案等。在工业设备方面，工业机器人创新引领无人工厂和工业物流的革新。通过助力制造业转型升级，工业机器人产业获得较快发展。2021 年 1 月至 12 月，全国工业机器人完成产量 36.6 万台，同比增长 54.4%。在无人工厂领域，焊接机器人逐步覆盖航空航天、高端装备、轨道交通等领域；在工业物流领域，工业机器人加快创新发展，结合深度学习、3D 视觉和最优运动规划算法，可以实现品类仓的全自动分拣。在此基础上，柔性工业物流解决方案不断落地，电力、光伏和医疗等行业的工业物流实现快速发展。

（3）工业互联网产业链逐渐形成

工业互联网的产业链上游、中游、下游逐步明晰，产业链逐步形成了数据的"收集—处理—应用"的系列流程。工业互联网产业链上游主要为硬件设备，如传感器、控制器、工业级芯片、智能机床和工业机器人等，为平台提供所需的智能硬件与软件。产业链中游为互联网平台，可分为边缘层、平台层和应用层。其中，边缘层负责大数据的采集工作；平台层负责数据存储与云计算工作；应用层主要为用户提供各个场景解决方案。下游是工业互联网主要应用企业，如高耗能设备、通用动力设备、新能源设备、高价值设备和仪器仪表专用设备等。

工业互联网产业链上游主要提供支持工业互联网平台所需要的智能硬件设备和软件。我国智能设备制造业由于起步较晚，与发达国家还有一定的差距。

目前最具有潜力上云的工业设备企业包括五类：一是高耗能设备，如炼铁高炉、工业锅炉等设备；二是通用动力设备，如柴油发动机、大中型电机、大型空压机等设备；三是新能源设备，如风电、光伏等设备；四是高价值设备，如工程机械、数控机床、燃气轮机等设备；五是仪器仪表等专用设备，如智能水表和智能燃气表等。位于产业链中游的工业互联网平台起到承上启下的作用，上游的数据需经过平台处理分析，提供给下游使用，实现产业链闭环。关于产业链下游，2019年2月工业互联网产业联盟发布的《工业互联网垂直行业应用报告》中指出，工业互联网应用发展要经历"单点应用—单链应用—产业链应用"三个发展阶段，目前我国企业大多处于单点应用的初级阶段。报告还构想了轻工家电行业、工程机械行业、电子信息行业、钢铁行业、高端装备行业等8个行业的工业互联网应用场景。

4.2.3 大数据

⊃ 大数据的概念

大数据（Big Data）的规模达到了PB（1024TB）级，不同的机构对大数据的解释各不相同。Gartner将大数据定义为需要新处理模式才能具有更强决策力、洞察发现力和流程优化能力来适应海量、高增长率和多样化的信息资产。麦肯锡对大数据的定义是一种规模大到在获取、存储、管理与分析方面大大超过了传统数据库软件工具能力范围的数据集合，具有海量的数据规模、快速的数据流转、多样的数据类型和价值密度低四大特征。移动信息化研究中心将大数据定义为帮助企业利用海量数据资产，实时、精准地洞察未知逻辑领域的动态变化，并快速重塑业务流程、组织和行业的新兴数据管理技术。

➲ 我国大数据的发展历程

我国大数据起步相对较晚，但是发展后劲十足。我国对大数据的发展也十分重视，多次提出要实施国家大数据战略，促进数据资源开放共享。

（1）大数据发展成长阶段

在此阶段，大数据市场迅速成长，随着互联网的成熟，大数据技术逐渐被大众熟悉和使用，我国开始重视大数据的发展。1980 年，未来学家托夫勒在其所著的《第三次浪潮》中提到"大数据"一词，书中将"大数据"称为"第三次浪潮的华彩乐章"。2007 年，随着社交网络的激增，技术博客和专业人士为大数据的概念注入了新的生机。中国互联网信息中心（CNNIC）统计数据显示，截至 2009 年 12 月 31 日，我国网民规模达到 3.84 亿人，互联网普及率达到 28.9%。通过宽带上网的用户规模达到 3.46 亿人，国际出口带宽达866367Mbps，互联网数据呈爆发式增长。2011 年 12 月，工业和信息化部发布了《物联网"十二五"发展规划》，将信息处理技术作为四项关键技术创新工程之一，其中包括海量数据存储、数据挖掘、图像视频智能分析，这些是大数据的重要组成部分。2012 年 7 月，《"十二五"国家战略性新兴产业发展规划》中指出：加强以网络化操作系统、海量数据处理软件等为代表的基础软件、云计算软件、工业软件、智能终端软件与信息安全软件等关键软件的开发。

（2）大数据爆发期

大数据发展迎来小高潮，我国开始布局大数据发展战略。2013 年被称为大数据元年，各大互联网企业借助自身技术优势分别推出创新性大数据应用。2013 年 11 月，国家统计局与阿里巴巴、百度等 11 家企业签署了战略合作框架协议，推动大数据在政府统计中的应用。2013 年以来，国家自然科学基金、

"973 计划"和"863 计划"等重大研究计划都将大数据研究列为重大的研究课题。2014 年，"大数据"首次被写入我国《政府工作报告》并上升为国家战略。2015 年 4 月，全国首个大数据交易所——贵阳大数据交易所正式挂牌运营。2015 年 8 月，国务院发布《促进大数据发展行动纲要》，这是指导我国大数据发展的国家顶层设计和总体部署。

（3）大数据高速发展期

随着国家部委有关大数据行业应用政策的出台，大数据在金融、政务、电信、物流等行业的应用价值不断凸显，大数据产业发展迎来高速发展期。2016 年 1 月，《贵州省大数据发展应用促进条例》出台，成为全国第一部大数据地方法规。2016 年 2 月，教育部发布的《2015 年度普通高等学校本科专业备案和审批结果》中首次增加了"数据科学与大数据技术专业"，设计了相对完善的大数据课程体系。2016 年 2 月，国家发展改革委、工业和信息化部与中央网信办同意贵州省建设国家大数据（贵州）综合试验区，这也是首个国家级大数据综合试验区。2016 年 10 月，我国同意在京津冀、珠三角、上海、重庆、河南等七个区域推进国家大数据综合试验区建设。2017 年，多个省、市相继成立了大数据管理和服务机构，统筹决策领导作用显著。2017 年 1 月，工业和信息化部印发大数据产业"十三五"发展规划。2018 年，我国累计发布 43 条相关政策，全国有 31 个省（市、区）累计发布政策 347 条，其中贵州、福建、广东和浙江领先。2020 年，工业和信息化部先后发布《工业数据分类分级指南（试行）》《关于推动工业互联网加快发展的通知》《关于工业大数据发展的指导意见》，利用多种方式引导各方协同发掘工业数据应用价值。2020 年和 2021 年《互联网周刊》分别评选出大数据独角兽企业 50 强，激发了广大创新企业的发展动力。

⊃ 产业发展现状

（1）我国大数据顶层设计完成

2014 年，大数据在《政府工作报告》中首次体现，成为各级政府关注的重点。数据开放共享、数据流通和数据交易等概念受到越来越多的关注，政府也开始规划通过大数据保障改善民生。2015 年 8 月，国务院颁布《促进大数据发展行动纲要》，强调加大大数据关键技术研发、产业发展和人才培养力度，着力推进数据汇集和发掘，深化大数据在各行业创新应用，促进大数据产业健康发展。2016 年，环境保护部、国土资源部、国家林业局和交通运输部等相关部门颁布本部门大数据发展的指导意见。2016 年 12 月，工业和信息化部印发了《大数据产业发展规划（2016—2020 年）》，以大数据产业发展中的关键问题为出发点和落脚点，明确了"十三五"时期大数据产业的发展目标、重点任务和重点工程等内容，成为大数据产业发展的行动纲领。2018 年 7 月，工业和信息化部印发了《推动企业上云实施指南（2018—2020 年）》，强调利用云端大数据平台推动数据资源集聚，进行数据采集、存储、分析、挖掘和协同应用。2020 年 2 月，工业和信息化部印发了《工业数据分类分级指南（试行）》，阐述了工业数据的基本概念，介绍了数据分类、数据分级和目前数据分类分级的管理情况。2020 年 4 月，国务院公布了《关于构建更加完善的要素市场化配置体制机制的意见》，将数据、土地、劳动力、资本和技术并称为五种要素，提出"加快培育数据要素市场"。2020 年 5 月，国务院印发了《关于新时代加快完善社会主义市场经济体制的意见》，进一步提出了加快培育发展数据要素市场，标志着数据要素市场化配置上升为国家战略，将进一步完善我国现代化治理体系，有望对未来经济社会发展产生深远影响。2021 年 6 月，全国人民代表大会正式颁布《中华人民共和国数据安全法》。该法案共 7 章 51 条内容，提出我国将对数据实行分类分级保护，同时开展数据活动必须履行数据安全保护义务并承担相应的社会责任等。

（2）大数据产业规模稳步增长

随着互联网技术的快速发展，我国大数据产业也发展迅速。赛迪顾问的数据显示，2016—2020 年，我国大数据产业市场规模由 2840.8 亿元增长到 6670 亿元，增长率连续五年保持在 20% 以上，2021 年大数据行业规模约为 7670.5 亿元。《中国互联网络发展状况统计报告》显示，截至 2021 年 12 月，我国网民规模达到 10.32 亿人，较 2020 年 12 月增长 4296 万人，互联网普及率达到 73.0%，较 2020 年 12 月提升了 2.6 个百分点；2021 年上半年我国手机网民规模占总体网民规模的比例有所下滑，截至 2021 年 6 月底，我国手机网民规模占总体网民规模的 99.60%，较 2020 年 12 月底减少了 0.08%。当前，我国正在加速从数据大国向数据强国迈进。国际数据公司（IDC）和数据存储公司希捷的报告显示，到 2025 年，随着物联网等新技术的持续推进，我国产生的数据量将从 2019 年的约 9.4ZB 增至 2025 年的 48.6ZB，其产生的数据将超过美国，数据交易迎来战略机遇期。

目前，我国大数据领域的企业超过 3000 家，其中 10 ~ 100 人规模的小型企业占比约七成，可见中小企业在产业蓬勃发展中发挥着重要作用。受到政策、人才与资金等因素的影响，我国大数据企业主要分布在北京、广东、上海与浙江等经济发达地区。其中，北京的大数据产业实力雄厚，大数据企业数量约占全国总数的 35%。广东和上海的市场环境开放，产业布局上以科技创新为重点，大数据相关企业布局较多，广东省大数据企业数量占比为 18%，上海市占比为 16%。从行业应用领域来看，金融、医疗与政务是大数据行业应用的最主要类型。从融资细分领域分布来看，大数据行业融资企业分布在近 20 个领域，在企业服务、医疗健康与金融等垂直细分领域的大数据应用展现出巨大的发展潜力。大数据产业增量蓝海市场正在逐步打开。截至 2019 年，企业服务领域的企业获投占比最高 62%，金融行业为 13%，健康医疗为 8%。随着互联网与移动互联网的进一步发展与普及，以及信息技术基础设施的逐步完善，企业服务市场仍将继续扩大。

（3）大数据产业链条逐渐完善

大数据产业是指一切与大数据的产生与集聚、组织与管理、分析与发现、应用与服务相关的活动的集合，主要包括大数据硬件、大数据软件和大数据应用三大方面。从产业链的角度，大数据产业可以分为大数据提供者、大数据产品提供者和大数据服务提供者。

大数据提供者是大数据产业链中的基础环节，具体指拥有数据的企业、个人、团体及政府，其中包括数据源提供者、数据流通平台提供者和数据 API 提供者。目前，我国大数据提供者由政府管理部门、企业数据源提供商、互联网数据源提供商、物联网数据源提供商、移动通信数据源提供商、提供数据流通平台服务和数据 API 服务的第三方数据服务企业、社会团体或个人组成。

大数据产品提供者包括提供大数据应用软件提供商、大数据基础软件提供商和大数据相关硬件产品企业，这些企业主要提供直接应用大数据的相关产品。大数据应用软件产品提供者包括提供整体解决方案的综合技术服务商，也包括大数据计算服务提供商，从简单的文件存储的空间租售模式逐步扩展到提供数据聚合平台，进而扩展到为客户提供分析业务的服务商。大数据基础软件提供商包括传统的 IT 企业、设备商及新兴的云服务相关企业，主要提供搭建大数据平台、相关大数据技术支持、云存储和数据安全等相关服务。大数据相关硬件产品提供商提供大数据采集、接入、存储、传输与安全等硬件产品和设备。

大数据服务提供者是以大数据为核心资源，以大数据应用为主业开展商业经营的企业，包括大数据应用服务提供者、大数据分析服务提供者和大数据基础设施服务提供者。其中，应用服务提供者是指通过大数据技术对外提供大数据服务的企业；分析服务提供者是指通过提供技术服务支持、技术咨询，或者为企业提供类似数据科学家的咨询服务的企业；大数据基础设施服务提供者是指提供面向大数据技术和服务提供者的培训、咨询和推广等通用类基础服务的相关企业。因此，处于产业链下游的企业通过对大数据中价值的挖掘，推动了产业链各个环节的发展，从而进一步挖掘大数据的价值。

（4）大数据产业园区助力数字经济发展

大数据产业园是我国大数据产业的重要聚集地和大数据产业资源的重要载体。如今，我国已具备八个国家级大数据综合试验区——贵州、京津冀、辽宁、内蒙古、上海、河南、重庆和珠三角，这些地区的大数据产业园迅速发展。同时，试验区大数据产业的发展也带动了相邻地区大数据产业的发展。例如，安徽、湖北、四川、陕西、浙江、山东和江苏也都加快了推进大数据产业园区 / 基地建设，增强数字经济发展实力，加速产业转型升级。目前，我国大部分大数据产业园的发展思路是通过数据资源的聚集和落地开放共享，进而通过协同效应带动大数据的开发，最终实现产业链的拓展和完善。

我国的大数据产业园可以分为三类：北京、上海、广州和深圳的大数据产业园多脱胎于原先的各类软件园，具有良好的发展基础和优势；河南、重庆、大连、沈阳、内蒙古和贵州等国家大数据综合试验区，通过试验区的落地加速推进辖区内大数据产业园建设；部分东南和中部省份为了顺应产业发展趋势，通过布局大数据产业园促进产业转型升级。

4.2.4　云计算

⊃ 产业发展现状

（1）云计算产业政策环境不断推进产业发展

2015 年，我国首次出台云计算相关政策，涉及产业发展、行业推广、应用基础和安全管理等多个重要环节。2015 年 1 月，国务院发布了《国务院关于促进云计算创新发展培育信息产业新业态的意见》。该意见提出要增强云计算服务能力和云计算自主创新能力，探索电子政务云计算发展新模式，加强大数据开发和利用，提升安全保障能力。2015 年 11 月，国务院印发了《云计算综合标准体系建设指南》，对云基础、云资源、云服务和云安全四个部分的综合标准化体系框架提出了标准研制方向。进入"十三五"时期以来，国务院等部门发布了一系列政策，推动云计算产业发展。2016 年 11 月，国务院印发了《"十三五"国家战略性新兴产业发展规划》，强调实施网络强国战略，加快建设"数字中国"，推进物联网、云计算和人工智能等技术向各行业全面融合渗透，构建万物互联、融合创新、智能协同、安全可控的新一代信息技术产业体系。2017 年 4 月，工业和信息化部印发了《云计算发展三年规划（2017—

2019）》，提出到 2019 年云计算产业规模达到 4300 亿元，突破一批核心关键技术，云计算服务能力达到国际先进水平，云计算数据中心布局优化，云计算成为信息化建设的主要形态和建设网络强国、制造强国的重要支撑。2018 年，工业和信息化部对企业上云做出计划性指南，实现从科研成果到产业化落地实施、到进一步研发的效益闭环。2020 年 4 月，国家发展改革委、中央网信办印发了《关于推进"上云用数赋智"行动培育新经济发展实施方案》，支持在具备条件的行业领域和企业范围探索大数据、人工智能、云计算、数字孪生、5G、物联网和区块链等新一代数字技术应用和集成创新。2021 年 3 月，全国人大发布了《中华人民共和国国民经济和社会发展第十四个五年规划和二〇三五年远景目标纲要》，提到要加快推动数字产业化，培育壮大人工智能、大数据、区块链、云计算、网络安全等新兴数字产业。2021 年 7 月，工业和信息化部发布了《新型数据中心发展三年行动计划（2021—2023 年）》，提出要加速传统数据中心与网络、云计算融合发展，加快向新型数据中心演进，为统筹推进新兴数据中心发展，构建以新型数据中心为核心的智能算力生态体系，发挥对数字经济的赋能和驱动作用。

（2）云计算产业市场规模稳步增长

在政府和产业的双重推动下，我国云计算产业迅速发展，越来越多的企业加快上云的步伐。在云计算加速落地的市场需求的推动下，我国云计算市场开始进入行业云时代。中国信息通信研究院数据显示，2021 年我国云计算总体处于快速发展阶段，市场规模达 3229 亿元，较 2020 年增长 54.4%。其中，公有云市场规模同比增长 70.8% 至 2181 亿元，私有云市场规模同比增长 28.7% 至 1048 亿元。新冠肺炎疫情期间，线上娱乐和线上办公等需求的显著增长驱动了泛互联网行业用云需求的上升，带动了公有云市场的逆势增长。同时，更多行业和传统企业加速云化转型，线下的云项目建设开始提速，整体云市场规模不断扩大。云资源仍然是当前的主要需求。中国信息通信研究院数据显示，2021 年公有云 IaaS 市场规模达 1614.7 亿元，增长 80.4%；PaaS 市场规模同比增长 90.7% 至 196 亿元；SaaS 市场规模同比增长 32.9% 至 370.4 亿元。企业上云进程持续加快，市场对云资源的需求加大，带动 IaaS 市场份额的增长，同时上云思维的转变将推动 PaaS 的成长。公有云市场规模达到 1500 亿元，公有云服务仍占据云服务市场的主导地位。新冠肺炎疫情期间，互联网文娱产业流量的发展加速拉动了对公有云服务的需求。随着上云企业对云能力与企业业务创新能力结合的关注上升，开发平台的公有云服务将获得更充足的发展空间。

（3）云计算产业链形成并不断完善发展

上游产业链主要为基础设施供应商及 IDC 服务商，提供各类芯片及服务器、存储器等硬件设备，还有数据中心的建设。芯片主要包括服务器、存储芯片等，是云计算上游产业链最核心的部分。

中游服务提供商主要指公有云的提供商，具体可分为 IaaS 服务提供商、PaaS 服务提供商和 SaaS 服务提供商三类。

下游云计算用户既包括使用服务提供商提供的云计算服务的用户（最终用户），如公众用户、中小企业及聚类客户等，也包括购买云计算解决方案的用户（如私有云产品的购买者——政企用户）。中小企业已成为目前公有云提供商"争抢"的主要客户对象，而大型政企客户倾向于采用"私有云"解决方案。

4.2.5 人工智能

⊃ 产业发展现状

（1）政策环境持续优化

近年来，人工智能受到了世界各国的高度重视，各国在其倡议、战略、报告、公约、法律法规中纷纷对人工智能技术做出了相关规定。为了顺应时代潮流，我国也陆续推出相关政策，支持人工智能产业的发展。2017 年 7 月，国务院发布的《新一代人工智能规划》指出，要构建泛在、安全、高效的智能化基础设施体系，制定促进人工智能发展的法律法规和伦理规范，建立人工智能安全监管和评估体系。2017 年 12 月，工业和信息化部发布的《促进新一代人工智能产业发展的三年行动计划（2018—2020）》指出，要构建网络安全保障体系，针对智能网联汽车、智能家居等人工智能重点产品或行业应用，开展漏洞挖掘、安全测试、威胁预警、攻击检测、应急处置等安全技术攻关，推动人工智能先进技术在网络安全领域的深度应用，加快漏洞库、风险库、案例集等共享资源建设。2020 年 3 月，科技部、国家发展改革委、教育部、中科院、国家自然科学基金委员会发布的《加强"从 0 到 1"基础研究工作方案》中指出，要重点支持人工智能、云计算和大数据、高性能计算、宽带通信和新型网络等重大领域，推动关键技术突破。2020 年 9 月，国家发展改革委、科技部、工业和信息化部和财政部发布的《关于扩大战略性新兴产业投资培育壮大新增长点增长极的指导意见》指出，要稳步推进工业互联网、人工智能、物联网、车联网、大数据、云计算和区块链等技术集成创新和融合应用，加快推进基于信息化、数字化、智能化的新型城市基础设施建设。2021 年 11 月，国家互联网信息办公室发布的《网络数据安全管理条例（征求意见稿）》指出，互联网平台运营者利用人工智能、虚拟现实、深度合成等新技术开展数据处理活动的，应当按照国家有关规定进行安全评估。

（2）产业发展势头迅猛

我国人工智能产业相比发达国家起步较晚，但是具有较大的发展潜力。我国陆续出台了相关政策支持人工智能产业的发展，以百度、阿里巴巴、腾讯、科大讯飞等为代表的企业已经开始大规模地投入和布局人工智能产业。在政策与市场的双重支持下，我国人工智能产业发展迅速，人工智能理论和技术日益成熟，应用范围不断扩大，全产业链正在逐步形成，相应的商业模式也在持续演进。根据 IDC 的数据，2021 年上半年我国的人工智能整体市场规模达到 21.8 亿美元，同比增长 42.2%。天眼查数据显示，目前我国约有 180 万家企业状态为在业、存续、迁入、迁出的人工智能相关企业，其中 6% 为个体工商户，87% 为有限责任公司。从地域分布来看，广东省拥有最多的人工智能相关企业，近 30 万家，占全国数量的 15%；其次是江苏省和北京市均有超过 15 万家相关企业，占比均超过了 8%。从行业分布来看，28% 的人工智能相关企业分布在科学研究和技术服务业，25% 的相关企业分布在信息传输、软件和信息技术服务业，21% 的相关企业分布在批发和零售业。从注册资本来看，注册资本在 100 万元以下、100 万 ~ 200 万元、1000 万元以上的相关企业均在 20% 以上。此外，天眼查数据显示，2020 年人工智能相关企业新增数量超过 40 万家，2021 年新增数量超过 67.8 万家，同比增长约 64%。

（3）产业实践不断丰富

随着人工智能市场的不断发展，人工智能操作系统作为人工智能的基础，不断与核心人工智能技术和数据计算能力融合，为人工智能产业提供智力、计算和数据资源支撑，实现了终端设备到数据、再到应用的全面连接，体现了其在人工智能生态体系中的核心价值。人工智能操作系统通过开放 AI 大规模输出，大幅提升专家、普通从业者、行业管理者的生产效率与产品品质，具有巨大的商业价值和市场空间。人工智能产业发展的创新生态布局正在成为企业发展的战略选择。例如，为应对对抗样本攻击，百度公司形成了从安全验证、模型加固、对抗样本检测到模型鲁棒性形式化验证的整体解决方案 AdvBox；猎户星空公司研发了人工智能自动化训练平台，将训练任务和数据隔离，同时将训练数据隐藏于隔离的存储介质，能够提高大数据资产的安全性，还能优化 GPU 计算资源的调度管理；360 公司基于人工智能技术打造了智能交通安全动态防御体系，包括车联网安全分析引擎、车联网安全运营服务平台等，提供安全预警、分析决策、系统管理等安全运营支撑；深信服公司汇聚了在线安全设备、第三方安全厂商、安全社区等渠道的海量情报数据，基于大数据、云计算、人工智能技术形成了威胁情报中心。

⊃ **人工智能在数字产业化发展中的应用**

当前，人工智能技术已经跨越了技术驱动和数据驱动阶段，步入落地到各个行业场景驱动阶段。未来，人工智能结合数字资产，将在金融、零售、智慧城市、医疗、教育、传媒等行业中有广泛的应用。

在金融领域，人工智能主要包括智能获客、身份识别、大数据风控、智能投顾、智能客服及金融云等，这也是人工智能渗透最早、最全面的行业。人工智能可以应用机器学习算法和自然语言处理技术将分析水平带到更高级别，从而理解大量数据（其中大部分数据为非结构化数据），并提高数据驱动的发现和决策能力。金融服务部门可以利用人工智能为客户提供更加个性化的金融建议，改善交易流程，防范金融诈骗风险，帮助客户选择更高价值的投资。人工智能不仅可以精确判断客户的资产配置，还能做清晰的风险评估，以及智能推荐适合的理财产品给客户。同时，人工智能也为金融行业的业务模式创新与升级注入了新的活力，成功扩展了服务的物理边界，实现柜面业务线上化，最终目的是为客户提供全渠道的高水平服务体验。

在医疗领域，机器视觉、知识图谱、深度学习等人工智能技术应用在医学影像的辅助诊断上，利用技术手段模仿人类医生的阅片模式，通过大量的影像数据和诊断数据模拟医疗专家的思维、诊断推理和治疗过程，逐渐取代经验诊断，从而给出更可靠的诊断和治疗方案。人工智能技术应用在医学影像的流程主要包括数据预处理、图像分割、特征提取和匹配判断等。目前，智能医学影像产品已涵盖肺结节等胸部智能影像、心血管疾病智能影像、超声智能影像等十余种，其中肺结节等胸部智能影像的产品最多、认知度最高。垂直领域的图像算法和自然语言处理技术已经可以基本满足医疗行业的需求，市场上已经出现了提供人工智能细胞识别医学诊断、智能辅助诊断服务、统计及处理医疗数据等技术服务的平台。

在传媒领域，人工智能正被应用于广播、新闻和体育等媒体娱乐的内容创作、识别、汇编及分配引擎中。人工智能技术的引入弥合了传统数字化营销场景识别的不足，将技术与营销环节相结合，在提供更加充实的用户特征及创意内容的同时，对投放的策略和形式进行优化，提升引流、集客、转化效果。智能场景营销、广告快速植入、功能性互动营销等视频广告类业务已经有较明确的商业模式，主要分为场景识别广告类和边看边买类。智能场景识别广告通过智能挖掘产生新广告位，融入场景降低受众反感，增强互动趣味，提升广告植入效率，大大降低工时。智能边看边买广告的核心是实时识别技术和推荐算法，实现视频中超过百位场景的识别，实现大规模的边看边买的功能，形成智能化、个性化、互动化的广告品牌体验。

4.2.6 区块链

⊃ 产业发展现状

（1）政策环境持续利好

一是顶层设计加快完善，产业发展路线图和时间线愈加明确。2021 年 3 月，《中华人民共和国国民经济和社会发展第十四个五年规划和二〇三五年远景目标纲要》（简称《"十四五"规划纲要》）将区块链列为数字经济七大重点产业之一。《"十四五"规划纲要》明确提出，要推动智能合约、共识算法、加密算法、分布式系统等区块链技术创新，以联盟链为重点发展区块链服务平台和金融科技、供应链管理、政府服务等领域应用方案，完善监管机制。2021 年 6 月，工业和信息化部、中央网信办发布的《关于加快推动区块链技术应用和产业发展的指导意见》指出，要从标准体系、技术平台、质量品牌、网络安全、知识产权等方面着力提升区块链产业基础能力，进一步明确了赋能实体经济、提升公共服务、夯实产业基础、打造现代产业链、促进融通发展等发展区块链的重要任务。它们的出台标志着我国区块链产业顶层设计的进一步完善。2021 年既是我国"十四五"时期数字经济大发展、大繁荣的开局之年，也是区块链创新加速、构建生态、广泛落地、纳入监管具有特殊重要性的一年。

二是政策助推行业应用发展,应用推广与技术融合成为布局重点。为了积极引导我国区块链技术和应用发展,各部委积极响应国家总体布局及规划,积极探索区块链产业发展方向。2021 年,各部委发布的区块链相关政策共计 52 项,文件涉及多个部门领域,指导范围不断扩大。2016—2021 年,我国各部委出台的区块链政策文件数量稳步上升。多个部委积极推动区块链融合应用与发展,以区块链为抓手,探索国家经济社会高质量发展新思路。2021 年,各部委政策布局主要集中在应用推广、技术攻关、产业发展与人才培养四大方向。其中,41 部政策文件重点推广区块链在行业的融合应用,涉及金融、政务服务、智能制造、农业生产、智慧养老、能源等多个领域;7 部政策文件内容涉及区块链技术攻关与多技术融合发展,重点推动区块链与其他新一代技术在基础理论、融合发展、融通应用方面的技术攻关;4 部文件重点推动区块链产业发展,注重产业生态建设,培育发展新动能;4 部文件规定了区块链在应用过程中的标准规范;2 部文件提及加快培育区块链复合型人才。

三是各地方完善配套细化政策,重点打造"名品""名企""名园"。2021 年,各地方政府积极响应扶持和鼓励区块链相关产业的发展,以顶层设计为统领,进一步细化相关配套政策,加快培育区块链"名品""名企""名园",夯实区块链发展基础,助推技术应用落地。2021 年,各地方政府共出台了区块链相关政策文件 128 部。截至 2021 年底,中央、各部委及各省市地方政府发布了区块链相关政策超过 1100 部。2021 年各地发布的区块链相关政策内容涉及政务、工业、农业、金融、商贸、社会治理、生物医药等多个领域。同时,多项政策强调区块链与物联网、云计算、大数据、人工智能等其他新一代信息技术的融合攻关与应用。"区块链 +"逐步成为各地政府推动区块链产业的工作重点。

（2）产业规模稳步提升

在政策与市场的双轮驱动以及元宇宙与数字藏品等热门领域的带动下，我国区块链产业加速发展，产业规模不断攀升。我国区块链相关机构大多以提供软件开发及信息技术服务为主，围绕数字资产的发展，衍生出计算芯片、信息系统、网络系统、交易服务、媒体等诸多行业形态，脉络逐步清晰。根据赛迪区块链研究院的统计，我国区块链全年产业规模[①]由 2016 年的 1 亿元增加至 2021 年的 65 亿元，增速非常明显。

在企业规模方面，产业链上游涉及的芯片等硬件企业及基础协议、底层基础平台等企业，中游涉及的智能合约、快速计算、信息安全、数据服务、分布式存储等企业，以及下游面向不同行业领域的应用类企业、产业服务类企业等均凭借政策与资本双向利好得到长足发展。根据赛迪区块链研究院的统计，截至 2021 年底，我国提供区块链专业技术支持、产品、解决方案等服务且有投入或产出的区块链企业超过 1600 家，其中 2021 年新增区块链企业超过 200 家。

从区块链应用市场来看，近年来我国区块链垂直行业应用持续拓展，应用市场规模不断攀升。据 IDC 预测，2021—2026 年我国市场规模年复合增长率达到 73%，2026 年的市场规模将达到 163.68 亿美元。根据赛迪区块链研究院的统计，2021 年我国区块链应用落地项目共计 336 项，其中政务服务是 2021 年我国区块链技术落地项目最多的领域，共计 87 项，占比 25.89%。金融仍然是区块链技术应用场景最丰富的行业领域，全年落地应用数量达到 82 项。值得注意的是，2021 年工业、农业等传统产业应用市场规模增速明显。2021 年工业区块链增加值规模为 3.41 万亿元，带动第二产业增加值规模达到 1.78 万

---

① 主要为我国区块链底层技术研发和行业技术应用相关企业（除去加密数字货币市场相关产业）规模，即区块链软件及服务产业规模。

亿元。其中，带动制造业增加值规模达到 1.47 万亿元，带动采矿业增加值规模达到 0.19 万亿元，带动电力、热力、燃气及水生产和供应业的增加值规模为 1153.23 亿元。产业区块链逐步成为区块链技术和产业发展的新增长点。

（3）产业链不断延伸

近年来，我国区块链技术不断深入，产业基础更加坚实，区块链产业链上中下游进一步夯实完善，已经形成较完备的产业链和活跃的市场主体，如图 4-1 所示。当前，我国区块链产业链上游主要包括硬件基础设施和底层技术平台层，该层包括矿机、芯片等硬件企业，以及基础协议、底层基础平台等企业；中游企业聚焦于区块链通用应用及技术扩展平台，包括智能合约、快速计算、信息安全、数据服务、分布式存储、软硬件一体机等企业；下游企业聚焦于服务最终的用户（个人、企业、政府），根据最终用户的需要定制各种不同种类的区块链行业应用，主要面向金融、供应链管理、医疗、能源等领域。同时，相关企业围绕产业链的开发、运营、安全、监管和审计等服务，为区块链产业提供创新平台、队伍建设和运行保障等要素。进入 2021 年，我国区块链持续赋能智能制造、智慧乡村、金融、政务服务等多个行业领域，产业链上中下游持续拓展。区块链技术研发能力不断提升，区块链与边缘计算、人工智能、物联网等其他新一代信息技术产业进一步融合发展，这些因素催生了软硬件一体机、数字藏品、元宇宙、数字人民币等产业链新赛道。

根据赛迪区块链研究院的统计，在经历 2020 年及以前的行业探索期后，2021 年我国区块链参与主体向平台服务与产业应用环节聚集，企业业务领域多向拓展。上中下游全产业链布局，贯通底层技术、平台服务、产业应用的纵向一体化发展，成为多个区块链领军企业的布局方向。对比产业链上中下游企业

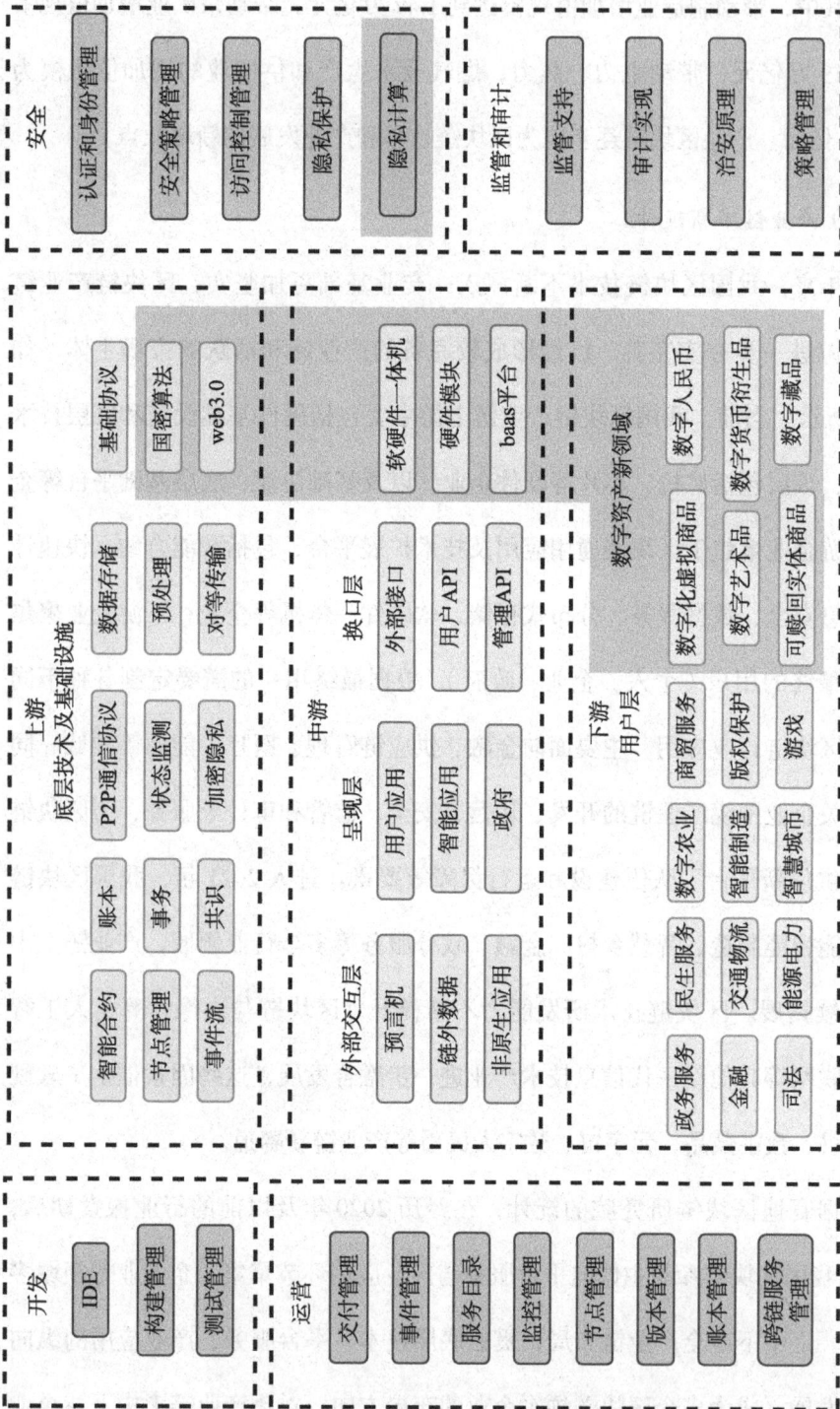

图 4-1 区块链产业链构成

安全
- 认证和身份管理
- 安全策略管理
- 访问控制管理
- 隐私保护
- 隐私计算

监管和审计
- 监管支持
- 审计实现
- 治安原理
- 策略管理

上游 底层技术及基础设施

- 智能合约 / 账本 / 数据存储 / P2P通信协议 / 基础协议
- 节点管理 / 事务 / 预处理 / 状态监测 / 国密算法
- 事件流 / 共识 / 对等传输 / 加密隐私 / web3.0

中游

换口层
- 外部接口 / 软硬件一体机
- 用户API / 硬件模块
- 管理API / baas平台

呈现层
- 用户应用
- 智能应用
- 政府

外部交互层
- 预言机
- 链外数据
- 非原生应用

下游 用户层

数字资产新领域
- 数字化虚拟商品 / 数字人民币
- 数字艺术品 / 数字货币衍生品
- 可赎回实体商品 / 数字藏品

- 政务服务 / 民生服务 / 商贸服务
- 金融 / 交通物流 / 数字农业 / 版权保护
- 司法 / 能源电力 / 智能制造 / 游戏
- 智慧城市

开发
- IDE
- 构建管理
- 测试管理

运营
- 交付管理
- 事件管理
- 服务目录
- 监控管理
- 节点管理
- 版本管理
- 账本管理
- 跨链服务管理

的业务分布情况，上游底层技术和基础设施层占比约 23.3%，其中底层技术平台占比高达 68%，硬件研发类企业占比同比 2020 年有所上升，达到 27.7%；中游通用应用及技术扩展层和下游垂直行业应用层分布占比较大，分别为 27.4%、49.3%；通用应用及技术扩展层以解决方案、智能合约、信息安全为主，占比分别约为 63%、17%、11.7%；同比 2020 年，2021 年我国企业在下游行业垂直应用层分布的比重明显上升，业务主要涉及金融、政务服务、溯源存证、工业制造、医疗健康、农业等领域，并开始涌现出一批数字资产及元宇宙相关应用企业，应用领域进一步拓展。这说明我国区块链产业链持续延长，发展逐步脱虚向实，行业规模化应用趋势明显。

4.2.7　虚拟现实与增强现实

⊃ 产业发展现状

（1）产业政策为产业发展保驾护航

我国高度重视虚拟现实、增强现实的技术产业发展，出台了一系列相关政策，支持鼓励虚拟现实赋能各产业和重点场景，实现创新发展。

2016 年 9 月，工业和信息化部、国家发展改革委印发了《智能硬件产业创新发展专项行动（2016—2018 年）》，强调在虚拟现实、增强现实技术领域，发展面向虚拟现实产品的新型人机交互、新型显示器件、GPU、超高速数字接口和多轴低功耗传感器，面向增强现实的动态环境建模、实时图像生成、立体显示及传感技术创新，打造虚拟现实、增强现实应用系统平台与开发工具研发环境。

2017 年 1 月，工业和信息化部印发了《信息通信行业发展规划（2016—2020 年）》，强调发挥互联网企业的创新主体地位和主导作用，以技术创新为突破，带动移动互联网、5G、云计算、大数据、物联网、虚拟现实、人工智能、3D 打印、量子通信等领域核心技术的研发和产业化。

2019 年，国家发展改革委等部门印发了《进一步优化供给推动消费平稳增长促进形成强大国内市场的实施方案（2019 年）》，表示要扩大升级信息消费，加快推出 5G 商用牌照，有条件的地方可以对超高清电视、机顶盒、虚拟现实及增强现实设备等产品推广应用予以补贴，扩大超高清视频终端消费。

2019 年 3 月，工业和信息化部印发了《关于组织开展 2019 年新型信息消费示范项目申报工作的通知》，鼓励利用虚拟现实、增强现实等技术，构建大型数字内容制作渲染平台，加快文化资源数字化转换及开发利用，支持原创网络作品创作，拓展数字影音、动漫游戏、网络文学等数字文化内容，支持融合型数字内容业务和知识分享平台发展。

2020 年 1 月，工业和信息化部印发了《关于运用新一代信息技术支撑服务疫情防控和复工复产工作》，鼓励推动制造企业与信息技术企业合作，深化工业互联网、工业软件（工业 App）、人工智能、虚拟现实、增强现实等新技术应用，推广协同研发、无人生产、远程运营、在线服务等新模式新业态，加快恢复制造业产能。

2021 年 3 月发布的《中华人民共和国国民经济和社会发展第十四个五年规划和二〇三五年远景目标纲要》强调推动三维图形生成、动态环境建模、实时动作捕捉快速渲染处理等技术创新，发展虚拟现实整机、感知交互、内容采集制作等设备和开发工具软件、行业解决方案。

2021 年 3 月，工业和信息化部发布了《"双千兆"网络协同发展行动计划

（2021—2023）》，提出要用三年时间使虚拟现实、增强现实、超高清视频等高带宽应用进一步融入生产生活。

2021 年 7 月，工业和信息化部等十部门发布了《5G 应用"扬帆"行动计划（2021—2023 年）》，提出要推动虚拟现实、增强现实等沉浸式设备工程化攻关，重点突破近眼显示、渲染处理、感知交互、内容制作等关键核心技术，着力降低产品功耗，提升产品供给水平。

（2）产业市场规模不断扩大

随着虚拟现实 / 增强现实（VR/AR）技术的成熟与资本市场的活跃，VR/AR 产业的市场规模进一步增加。IDC 等机构数据显示，2020 年全球 VR/AR 市场规模约为 900 亿元人民币，其中 VR 市场规模约为 620 亿元人民币，AR 市场规模约为 280 亿元人民币。根据中国信息通信研究院的数据，预计 2020—2024 年，全球 VR/AR 产业规模年均增长率约为 54%，其中 VR 增速约为 45%，AR 增速约为 66%。随着技术的发展，硬件升级、一体机等虚拟设备性能得到逐步提升，更多用户被吸引进入虚拟现实市场，进一步加快了整个市场的发展。云化虚拟现实终端架构更加宽广的技术纵深，有助于解决终端创新发展存在的问题，有利于承载适配各类云化 VR/AR 业务。随着 Oculus Quest、华为 VR Glass、Vive Focus Plus、Pico Neo2 等代表性终端串流功能的引入，移动虚拟现实用户进阶体验将不再受制于功耗预算与算力负载，一体式 / 手机式与 PC 式等跨产品形态间的使用融通性显著提高，终端分类依据也开始向算力协同业务场景迁移。同时，随着云技术的发展，虚拟现实逐步开始与云技术结合，通过云技术的支撑显现不同的表现形式。预计 2020—2024 年，虚拟现实终端将日益减重便携，并且随着 5G 终端的规模普及，一体式终端将原生集成

5G 能力，计算负载开始向云边端协同分配，手机伴侣式终端将通过无线连接适配更多 5G 手机。

（3）产业链不断完善并发展

虚拟现实产业链包括硬件、软件、内容制作与分发、应用和服务等环节。硬件环节即实现虚拟现实技术的器件，可分为核心器件、终端设备和配套外设三部分。核心器件包括芯片（CPU、GPU、移动 SOC 等）、传感器（图像、声音、动作捕捉传感器等）、显示屏（LCD、OLED、AMOLED、微显示器等显示屏及其驱动模组）、光学器件（光学镜头、衍射光学元件、影像模组、三维建模模组等）及通信模块（射频芯片、Wi-Fi 芯片、蓝牙芯片、NFC 芯片等）。终端设备包括 PC 端设备（主机 + 输出式头显）、移动端设备（通过 USB 与手机连接）及一体机（具备独立处理器的 VR 头显）。配套外设包括手柄、摄像头（全景摄像头）、体感设备（数据衣、指环、触控板、触 / 力觉反馈装置等）。软件环节即实现虚拟现实技术使用的软件，分为支撑软件和软件开发工具包。支撑软件包括 UI、OS（安卓、Windows 等）和中间件（Conduit、VR Works 等）。软件开发工具包包括 SDK 和 3D 引擎。内容制作与分发环节是虚拟现实技术中场景的数字表达的环节。该环节包括虚拟现实内容表示、内容生成与制作、内容编码、实时交互、内容存储、内容分发等。内容制作方面包括虚拟现实游戏、视频、直播和社交内容的制作，分发方面包括应用程序。应用和服务环节是使用虚拟现实技术提供应用和服务，包括制造、教育、旅游、医疗、商贸等。

增强现实的整体产业链可以拆分为硬件设备和软件应用两大类。其中，硬件设备可以分为通用型设备（电子元器件）和非通用型设备（电子元器件），软件应用可以分为基础数据开发和场景型应用。通用型硬件设备（电子元器件）主要包括处理器、图形处理器、内存、摄像头、屏幕、位置传感器等基础电子元器件。非通用型硬件设备（电子元器件）主要包括 AR 设备、触觉设备、3D 镜片、动作传感器等。

（4）产业应用领域不断扩大

虚拟现实的产业潜力巨大，具有较高的社会效益。虚拟现实技术已经开始与各行各业融合创新，为人们的生活与生产方式带来巨大的变化。

在商贸会展领域，虚拟现实有助于实现会展组织由以活动议程为中心向与会体验为中心的方向转变。2020 年，新冠肺炎疫情迫使一些线下会展活动转到线上，促进了虚拟现实技术在商贸会展领域的落地应用。同时，相应的政策也陆续出台，促进了虚拟现实技术的落地。2020 年 9 月，文化和旅游部在《关于深化"放管服"改革促进演出市场繁荣发展的通知》中指出，要运用全息成像、人工智能、数字视觉设计、虚拟现实等技术展示虚拟形象进行营业性演出的，应当按照《营业性演出管理条例》等有关规定办理报批手续。2020 年 11 月，国务院在《关于推进对外贸易创新发展的实施意见》中指出，利用 5G、VR/AR 等现代信息技术开拓市场，推进展会模式创新，探索线上线下同步互动、有机融合的办展新模式。当前，会展行业正在积极探索通过虚拟现实技术的新一代云上会展方案降低参展企业云展会的落地实施门槛，其平台易用性得到了普遍关注。参展企业通过使用不同的搭建模板构建展览平台，运用虚拟讲解员提供讲解服务，并运用云平台编解码、边缘推流、跨平台分发、8K FOV、CDN、5G 网络分片等技术保证云上会展的体验流畅性。

在工业生产领域，虚拟现实为开发设计、生产制造、营销销售、运营维护等人员连接起数字世界和现实世界，提升企业数字化转型过程中从多元数据获取洞察的能力与水平。在运维场景中，虚拟现实可以提供更加形象的工作说明，基于远程协助、3D 可视化、实时诊断与反馈等功能特点，可提高按时交付率、产能利用率、首次修复率、减少返工、废料与不合格率等。虚拟现实的数字化表现形式可以帮助弥合设计与制造环节的断电缝隙，可以实现产品更改从设计团队到制造团队的高效传播，同时促使制造团队主动参与到开发流程中。虚拟现实可以为客户带来更具互动性、个体化和差异化的营销体验。客户通过交互式数字产品体验，可降低营销和销售者用于评估 / 展示产品的运输、差旅等非差异化方面的开支，进而缩短销售周期，提升购买意愿与营收效率。增强现实技术应用于工业领域，可以为设备提供基于移动终端或 AR 眼镜的实时监控体验，便于设备管理人员在现场巡查中可以随时观察设备关键指标和运行状态，便于优化车间的计划排程，提高整个车间的生产效率和利润；有助于用户在真实环境中进行可视化指导，与数字内容实现交互；能提供一种更有效的工作方式，可以将专业员工的经验和操作过程通过眼镜的摄像头实时录制下来，并生成标准的作业指导书，无须任何预存的内容和复杂的开发工作。

在医疗健康领域，虚拟现实可以补充传统医学手段存在的不完善，增强现实技术可以应用于外科手术导航、虚拟人体解剖、手术模拟训练等方面。虚拟现实具有的高沉浸性、高可重复性、高定制化性、远程可控性等特点，有助于丰富教学与诊疗手段、降低治疗风险、提高设备利用率、促进高素质人才和医疗资源的下沉，为医患双方提供便利，推动医疗在准确性、安全性和高效性等方面的发展。虚拟现实应用于医学教育培训中，便于医学用户通过更加直观、高效和安全的方式进行专业知识学习，同时有利于节省医学成本。在心理、精神类疾病的诊疗中应用虚拟现实技术，可以创建真实的治疗环境，通过为患者模拟不同的环境场所，通过行为认识的方式进行刺激治疗，进而实现无药物治疗方法。增强现实技术可以通过计算机断层扫描、磁共振成像等非侵入式传感器实时收集病人的三维影像数据集，通过对这些数据集的实时渲染可以让医生更直观地了解病人体内的情况。

在军事领域，增强现实技术在增强战场环境、作战指挥、虚拟作战演练、军备研发等多个方面发挥作用。基于增强现实技术构建的虚拟战场，通过对现实中的战场环境进行模拟增强，可以大幅提高军事训练效率，降低训练成本。基于增强现实技术的装备有助于增强战场环境现实，显示的战场信息不仅包括真实环境信息，还包括诸多战场环境增强显示信息，可以帮助作战人员及时调整作战策略，积极应对快速变化的战场环境。

4.3　数字资产及相关服务业

随着传统信息技术产业的根基逐步稳固及新兴信息技术产业稳步发展，数字资产及相关服务业正逐步展现出它特有的生命力，成为数字产业化未来发展的新增长点，同时受到政府、市场机构等多方主体的高度重视。

4.3.1　数字资产

数字资产是现代经济领域中重要的资产形态，是指在网络空间中由个人、企业、国家拥有或控制的，以数字形式存在的、预期能带来经济利益的资源。数字资产主要包括数字货币、数据类资产和数字权益类资产。

⊃ 数字资产产业链

数字资产产业链可以分为上游、中游、下游和第三方服务商四个部分。

上游是数字货币、数据作品、数字身份、数字证券、数字存证等数字资产的发行端。央行数字货币的发行端包括中国人民银行、工农中建四大银行和三大电信运营商，数字作品的发行端是指数字作品原创者和内容提供商，数字身份的发行端是公安部，数字证券的发行端包括股票、债权、信托等金融产品的发行机构。

中游是数字资产的存储与分发，包括存储服务提供商和数字内容分发商。存储服务提供商是为数字资产提供存储服务的提供商。例如，钱包服务提供商为数字资产存储提供私钥和公钥管理工具，区块链、大数据和云计算平台提供商利用不同的技术进行不同的数字资产存储服务。数字内容分发商主要依靠技术、网络渠道和流量入口优势，整合与分发数字内容资源，对外提供检索入口和搜索等服务。

下游是数字资产流通端，包括支付服务提供商和软硬件终端提供商。支付服务提供商是为特定人群和商户提供支付系统、支付器具等产品及服务，软件终端提供商提供平面媒体、播放器等，硬件终端提供商提供移动终端、计算机和电视等产品。

第三方服务商是为数字资产提供版权登记、版权保护、电子认证及传输服务等服务的相关机构。

⊃ 数据交易行业

早期的数据资源交易主要集中在隐私信息上。用户的网购信息、银行信息、通信信息等被大肆贩卖，这些数据或来自信息泄露，或来自黑客入侵。不规范数据资源的交易以极低的成本侵害了广大用户的个人隐私，并不能代表数据资源交易的发展趋势。目前，我国正规数据资源交易市场正在蓬勃建设中，数据资源交易应当是符合脱敏、脱密要求，在充分保障个人隐私安全的情况下，在规范的市场规则中，以合法的过程进行数据流通。数据资源交易立足于数据的使用权和增值性，有助于打破行业壁垒，放大数据价值。众多企业在现代化发展的过程中，由于业务需求，需要大量的信息支撑战略决策和日常运营，它们不满足于自有数据带来的信息量，产生了与其他企业或机构进行数据交易的需求。同时，自身拥有的大量数据资源也可以处理、出售或通过基于这些数据开发新的服务带来经济效益。数据资源在这样的流通中完成了变现。数据交易服务业主要包括数据价值评估、数据指数、数据定价、数据交易、数据撮合、数据确权、数据托管和数据全生命周期管理等。

我国数据交易一直处于探索阶段。2015 年，国务院在《促进大数据发展行动纲要》中率先明确提出"引导培育大数据交易市场"；2016 年，工业和信息化部在《大数据产业发展规划（2016—2020）》中进一步明确了大数据交易的发展目标、建设路径和保障措施；2019 年，十九届四中全会首次将数据增列为生产要素，要求建立健全由市场评价贡献和按贡献决定报酬的机制；2020 年，《关于构建更加完善的要素市场化配置体制机制的意见》明确提出要加快培育数据要素市场。2021 年，《中华人民共和国国民经济和社会发展第十四个五年规划和二〇三五年远景目标纲要》明确提出建立健全数据产权交易和行业自律机制，培育规范的数据交易平台和市场主体，发展数据资产评估、登记结算、交易撮合和争议仲裁等市场运营体系。从实践来看，上海、贵州等地方政府从2015 年开始一直在探索大数据交易机制。上海数据交易中心和贵阳大数据交易所等一批具有政府背景的平台已经建成并投入使用，但也面临交易较少等现实问题。随着数据要素明确成为生产要素，北京国际大数据交易所、北部湾大数据交易中心及粤港澳大湾区数据平台等交易所纷纷成立，数据交易所的建设热潮再次出现。阿里巴巴、腾讯、百度、京东和数据堂等企业也纷纷建立数据交易平台。

当前，数据的交易模式共有八种，是供求双方根据自身需求交易模式的选择。一是直接交易数据模式。交易双方对数据交易的内容和方式进行详细约定，签订数据交易合同，一方交货，一方付款，完成交易。购买方通常通过某种渠道了解到销售方出售某类数据，经与销售方协商后签订合同，购买数据。二是数据交易所模式。政府牵头成立了一些数据交易所，在政府监管下，在集中场所进行数据供求关系撮合。类似于股票交易市场，在数据交易所交易，买卖双方必须注册成为市场成员，通过交易所平台进行数据买卖。三是资源互换模式。在移动 App 中，App 服务商通过提供免费的 App 应用服务，换取用户对个人数据的使用权。四是会员账号服务模式。销售商出售数据平台的会员服务，消费者购买会员服务后可以获得与会员层级对应的数据访问权益。五是数据云服务交易模式。销售商不直接提供数据，而是提供数据应用的云服务或数据应用系统，消费者购买云服务或系统，通过服务获得数据应用价值。六是API 访问模式。销售商通过 API 将用户数据开放给经授权的第三方机构，以促进用户数据的开发使用。销售商既限定哪些数据可开放，也限定向哪些机构开放。七是基于数据保护技术的数据交易。使用密码学和隐私计算技术，包括可验证计算、同态加密、安全多方计算、联邦学习、区块链技术等，实现数据加密，从而提供手段限制或规定数据的重复使用次数，推动数据产品转换为私人产品进行交易；或者在不影响数据控制权的前提下交易数据使用权，以便从技术上构建数据交易的产权基础，并能计量数据主体和数据控制者的经济利益关系。八是利益相关方的"数据平台＋数据"的联盟交易模式。数据消费者共同出资，投资一家"数据平台＋数据"的服务商，这家服务商负责生产数据产品，并将产品出售给所有利益相关方。

⊃ 数字孪生

数字孪生是具有数据连接的特定物理实体或过程的数字化表达。该数据连接可以保证物理状态和虚拟状态之间的同速率收敛，并提供物理实体或流程过程的整个生命周期的集成视图，有助于优化整体性能。数字孪生可应用于工业生产、智慧城市、大数据医疗等领域。数字孪生公司作为产品、生产过程或性能的虚拟表示，它使整个过程的效率持续提高，降低故障率，创造持久的竞争优势。数字孪生服务包括设备服务、技术服务、测试服务、模拟服务、知识服务、模型服务和算法服务等。此外，还有许多辅助服务，如物流服务、运维服务和金融服务等。

随着物联网、人工智能和大数据等技术的不断发展，并且在机械制造、航空航天和智慧城市等领域发展的刺激下，以及国家利好政策的助力下，我国数字孪生发展迅速。赛迪顾问数据显示，2021 年我国数字孪生市场规模达到 27.3 亿元。

数字孪生可以划分为"基础支撑""数据互动""仿真分析""模型构建""共性应用"和"行业应用"六个环节，支撑从设备、数据到行业的全生命周期。目前，国内外厂商主要有建模、仿真、平台和行业服务四大类业务。基础支撑层由芯片传感器等设备构成，属于物联网的终端，用于数据的采集及向网络端发送；数据互动层为数字孪生提供软件定义的工具和平台支持，从而完成数字孪生中的信息采集、信息传输与同步和信息增强；仿真分析层将数字化模型与物理世界进行融合，不仅要求数字对象表达物理世界的几何形状，同时也需要数字模型中融入物理规律，达到仿真效果；模型构建层是数字孪生的核心组成部分，提供获取数据和建立数字化模型服务，包括测绘扫描、几何建模、网格剖分、系统建模、流程建模和组织建模等技术；共性应用层为数字孪生的构建及应用需要软件定义的工具和平台提供支持；行业应用层针对行业需求的数字孪生技术在智慧城市、交通、水利、工程、工业生产、能源、自动驾驶和公共应急等领域提供各种应用服务及解决方案。

⊃ 数字版权

数字版权是作者享有的以数字化方式保存、复制和发行数字作品的权利，是版权进入数字化时代的重要权利的补充。数字版权管理是随着数字产品的发展而新兴的管理技术，旨在保障数字产品的版权，防止数字产品被非法剽窃。数字版权管理主要采用的技术为数字水印、版权保护、数字签名和数据加密等。

当前，数字版权保护已成为国际政治、经济、科学技术和文化交往中普遍关注的问题。数字版权所形成的无形资产在信息化时代受到越来越多的关注，对数字版权的保护也是促使世界范围内国家数字化变革及数字经济发展的重要支撑。我国作为世界大国，在数字版权保护方面给予了多重保护。1985年4月开始实施的《中华人民共和国专利法》及其实施细则，使我国的知识产权保护范围扩大到对发明创造专利权的保护。《中华人民共和国著作权法》及其实施条例把计算机软件纳入著作权保护的范围。1991 年 10 月，国务院颁布的《计算机软件保护条例》规定了保护计算机软件的具体实施办法，作为《中华人民共和国著作权法》的配套法规。随着互联网技术的发展，以网络传输为主的数字内容市场开始爆发，数字技术持续冲击数字版权保护。我国陆续在 2005 年、2011 年、2015 年及 2017 年发布了《互联网著作权行政保护办法》《关于办理侵犯知识产权刑事案件适用法律若干问题的意见》《关于规范网络转载版权秩序的通知》《关于规范电子版作品登记证书的通知》等政策，加强在自媒体时代数字版权的规范管理。

随着我国进入互联网时代，越来越多的网络视频、数字音乐及文创等企业，通过版权资源的整合、保护、运营来获得版权收益，数字版权资源的价值日益凸显。在产业规模上，根据国家版权局网络版权产业研究基地发布的《2020 年中国网络版权产业发展报告》，2020 年我国网络版权产业规模达到 11847.3 亿元，首次突破 1 万亿元大关，同比增长 23.6%。其中，网络新闻媒体、网络游戏作为网络版权产业的核心构成部分，合计占比超六成，短视频版权增长最迅猛。在市场结构上，我国网络版权产业核心业态走向稳定，网络新闻媒体和网络游戏依然是我国网络版权产业的核心业态，二者的市场规模合计占比 62.8%。产业结构更加多元，新业态展示出巨大的潜力。除了网络新闻媒体、网络游戏和网络视频以外，网络文学、动漫、音乐等版权内容的付费意愿不断提升，市场规模占比显著提高。由于短视频和直播的跨界融合创新，视频类业态增长最迅猛，占比达到 31.08%。产业盈利模式也逐步成型，主要包括用户付费、版权运营和广告收入三类。其中，用户付费规模达到 5659.2 亿元，占 47.8%；版权运营收入规模达到 109.1 亿元，占 0.9%；广告及其他收入达到 6079.0 亿元，占 51.3%。

⊃ 法定数字货币

数字货币是可以替代纸币的电子化货币，即数字货币和电子支付工具（Digital Currency Electronic Payment，DCEP）。我国由央行发行的数字货币具有与纸币相同的功能和属性，属于法定的货币，并且具有国家信用。当前央行发行数字货币的目的是替代一部分 M0（流通中的现金）。我国数字货币采用"上层央行担保＋下层商行运营"的双层投放的运营体系：上层央行对发行的法定数字货币做信用担保，使数字货币与人民币纸币一样具有无限的法偿性；下层由不同的商业银行构成，商业银行等机构负责面向公众发行央行数字货币，同时向央行缴纳全额准备金，从而保证央行数字货币不超发。

数字货币由于具有和纸币相同的功能，并且具有价值特征和法偿性，因而对于保障国家金融安全有着重大的意义。同时，它不仅可以降低成本，减少货币发行环节，提高发行效率，还有利于反洗钱、反偷税漏税、反电信诈骗和反恐怖融资等。因此，我国陆续出台了相关政策，推动数字经济发展。2020年11月，中共中央在《关于制定国民经济和社会发展第十四个五年规划和二〇三五年远景目标的建议》中提出要建设现代中央银行制度，完善货币供应调控机制，稳妥推进数字货币研发，健全市场化利率形成和传导机制。同月，商务部发布了《全面深化服务贸易创新发展试点总体方案》，提出在京津冀、长三角、粤港澳大湾区及中西部具备条件的试点地区开展数字人民币试点，大力发展数字人民币。2021年3月，全国人民代表大会发布了《关于2020年国民经济和社会发展计划执行情况与2021年国民经济和社会发展计划草案的报告》，提出建设现代中央银行制度，完善货币供应调控机制，稳妥推进数字货币研发。

4.3.2　数字服务

◯ 数字权益类资产的特点

数字权益类资产是通过资产数字化后在网络空间中以数字形式存在的权益凭证。数字权益凭证可以大范围地流通，能用于消费、交易及兑换。从货币到票据，现实中已经存在的金融资产或权益如公司股权、债权、知识产权、信托份额或黄金珠宝等实物资产，都可以转变为网络空间中可流通的数字权益凭证。

数字权益类资产具备以下功能。一是解决实体资产本身存在的问题。实体资产存在难以合理定义价值、难以确定资产权利、资产确权的过程烦琐和资产流通效率低下等问题。数字权益凭证能实现资产的唯一性、防伪性和流通性，基于加密、编程等要素，从而配合监管部门实现数字权益的可追溯、防伪和审计。二是促进资产交易，给资产价值流通及社会关系都带来了全新的改变。三是真正赋能实体经济。数字权益凭证连接了底层物理世界和数字世界，将实物资产在两个世界中实现有效的互联互通和资产流转，从而真正赋能实体经济。

◯ 数字权益类资产流通加速

（1）证券数字化技术加大推进

2018 年 12 月 19 日，证监会发布了《证券基金经营机构信息技术管理办法》，旨在引导改进业务运营模式，运用现代信息技术大力发展金融科技。近年来，券商利用数字技术对获客、投资、交易、风控等全流程进行根本性变革，强化了现代科技在证券领域的应用。例如，近年来银河证券先后与阿里云、腾讯签署全面数据智能化合作协议和金融科技战略合作协议，并将结合互联网巨头独有的社交连接优势，打造专属的智能社群管理平台。

中国证券业协会发布的数据显示，自 2017 年以来，证券行业对信息技术的投入力度呈稳步增长之势，累计投入达到 550.42 亿元。2018 年，在行业整体收入出现下滑的情况下，大多数券商的研发投入却不降反升。2019 年，我国证券行业的信息技术投入达到 205.01 亿元。其中，华泰证券、国泰君安的信息技术投入均超过 10 亿元，广发证券、海通证券、招商证券、东方证券等 7 家券商在信息技术方面投入超过 5 亿元。2020 年，我国证券行业信息技术投入达到 239.93 亿元，同比增长 21.31%。其中，华泰证券、国泰君安、中信证券和招商证券的信息技术投入均超过 10 亿元，海通证券、中金公司、广发证券等 7 家券商在信息技术方面投入超过 5 亿元。

同时，区块链技术也开始债券发行。基于区块链技术的债券发行能降低债券发行过程中的信息不对称风险和债券发行成本，提高债券发行效率，并有助于后续审计和管理。目前，在一些国家政府和金融机构的推动下，全球范围内已经有一些通过区块链发行债券的实践。这些尝试大多是小规模的尝试，债券额度和参与范围都有限，但已经包含政府债券、公司债券、商业票据等多种固定收益产品。随着这些发行主体管理和技术经验的积累，未来区块链在债券中的应用有望在更大范围内得到普及。

① 政府债券

2017 年 1 月，澳大利亚联邦银行开发了区块链政府债券交易系统，并通过该系统测试了昆士兰州政府债券的发行。该举措旨在降低交易成本，吸收更广泛的市场参与者。澳大利亚联邦银行将这种区块链结构描述为一种"虚拟加密证券"，并表示这是全球首次由银行与政府金融机构共同进行的实验。在整个交易过程中，发行方实时查看并实时出价。在投标结束时，发行人可以按不同的价格和债券购买数量查看所有投标。发行方按下系统按钮就能以最佳价格分配债券,系统会自动进行结算,并立即转让债权所有权,同时还推动进行付款。

西班牙桑坦德银行使用区块链技术完全处理债券发行,并发布了首个端到端区块链债券。2019 年 9 月,桑坦德银行成功使用以太坊代币偿还 2000 万美元的债务,并完成了 ERC-20 代币的结算,用于完成投资的现金(链上交付与付款)和季度优惠券也已被通证化。

2019 年 12 月,中国银行推出我国首个基于区块链技术的债券发行系统,并成功运用于中国银行 200 亿元小微企业专项金融债的发行。该债券发行系统的运作主要包括三个环节。第一,颁发 CA 证书。债券发行参与主体(包括发行人、承销商、投资者)在系统注册过程中自动获取区块链 CA 证书,内含公钥和私钥,用于数字签名认证及信息加密传输。第二,链上组建承销团。发行人指定簿记管理人;簿记管理人组建承销团时,系统将使用各参与主体的 CA 证书逐个完成区块链层的组团签名认证。由于区块链信息具有难以篡改的特点,因此上述认证过程具有公信力。第三,链上存证。债券发行过程中,系统分步在不同时间点通过智能合约自动将关键信息上链存储,包括债券详情、公告文件和配售结果等。系统用户可查看各步上链信息的区块链交易 ID、区块哈希值和区块编号。上链信息实时在全网广播,具有难以篡改的特点,有利于提升信息的透明度和公信力。

2020 年 7 月,菲律宾财政部、联合银行和菲律宾数字资产交易所推出了支持区块链的移动应用程序,用于分发政府发行的国债。2020 年 9 月 11 日,泰国银行推出了一个使用区块链技术进行政府储蓄债券发行的新平台,并在两周时间内出售了 16 亿美元的政府储蓄债券。2021 年 10 月,法国央行使用其央行数字货币（CBDC）并利用区块链技术执行了一系列政府债券交易。该试点项目把政府债券作为证券"代币"进行交易，并用法国央行提供的数字货币进行结算，测试了中央银行数字货币在发行新债券、债券回购、支付息票和赎回交易中的实用性。2021年11月，萨尔瓦多政府将在Blockstream公司发行10亿美元的区块链代币债券。

②公司债券

2016年9月，法国巴黎银行宣布与可再生能源提供商Lendosphere、Enerfip及Lumo达成合作，尝试通过区块链技术为私有公司发行迷你债券。该银行开发的这个分布式账本，将记录所有通过这个平台发行的迷你债券及其所有权的变更，确保迷你债券交易更安全、更快、更有效地执行。

2020年9月，新加坡主要投资控股公司新加坡交易所（SGX）正式宣布已部署其数字资产发行平台，发行了首支基于区块链技术的数字债券。当地主要食品和农业企业OlamInternational进行4亿新加坡元（约为2.94亿美元）的5.5年期公募债券。针对该项目，SGX采用了汇丰银行的链上支付解决方案，以及主要智能合约语言DAML。

2021年1月，德国领先的住房公司之一，Vonovia宣布已在Stellar区块链上发行了价值2000万欧元（约为2430万美元）的数字债券。新发行的三年期债券将使用Stellar区块链技术转让房地产产权。

③商业票据

2017年1月，浙商银行首个基于区块链技术的移动数字票据产品正式上线并完成首笔交易，标志着区块链技术在该银行核心业务中实现落地应用。浙商银行于2016年12月成功搭建基于区块链技术的移动数字汇票平台，可为客户提供移动端签发、签收、转让、买卖及兑付移动数字汇票等功能，并在区块链平台实现公开记账和安全记账。区块链技术在票据产品上的应用为债券交易提供了进一步发展的技术基础。

2017 年 3 月 15 日，赣州银行上线票链业务，由深圳区块链金融服务有限公司基于客户所持有的银行承兑汇票，提供成本低廉、快速安全的融资服务，满足中小微企业客户的融资需求。全国首单票链业务由区块链金服、赣州银行联合发布，并由双方共建票链全国监控运营管理中心。

2017 年 4 月 12 日，美的集团财务有限公司与杭州复杂美科技有限公司签署战略合作协议，共同打造美的金融区块链票据应用平台，美的金融区块链票据项目正式启动。

2018 年 1 月 25 日，上海票据交易所成功上线并试运行数字票据交易平台。工商银行、中国银行、浦发银行和杭州银行在数字票据交易平台顺利完成基于区块链技术的数字票据签发、承兑、贴现和转贴现业务。数字票据交易平台实验性生产系统结合区块链技术和票据业务实际情况，构建了"链上确认，线下结算"的结算方式，为实现与支付系统的对接做好了准备，探索了区块链系统与中心化系统共同连接应用的可能。根据票据真实业务需求，数字票据交易平台建立了与票据交易系统一致的业务流程，并使数据统计、系统参数等内容与现行管理规则保持一致，为实验性生产系统业务功能的进一步拓展奠定了基础。同时，数字票据交易平台进一步加强了安全防护，采用 SM2 国密签名算法进行区块链数字签名，为参与银行、企业分别定制了符合业务所需的密码学设备，包括高安全级别的加密机和智能卡，并提供了软件加密模块以提高开发效率。

2021 年 5 月，青岛市财政局上线财政电子票据区块链应用平台，由此成为全省首个上线区块链财政电子票据的城市。青岛眼科医院、青岛市第八人民医院和即墨区人民医院作为第一批区块链电子票据试点单位，已成功开出了区块链医疗收费电子票据。患者缴费后，可以在微信"电子票夹"小程序中实时查看票据的生成、传送、存储及流转信息。全市已有 121 个医疗机构实现医疗票据电子化，累计开出医疗收费电子票据 1659 万份。2021 年 6 月，海南省所有市、县、乡镇均上线区块链财政电子票据，全省共上线 2795 家单位，完成率 100%。

（2）不动产实现通证化交易

资产通证化意味着公司股权、债权、知识产权、信托份额或房地产、艺术品等实物资产都能通过区块链技术让交易透明可追溯。区块链天生的智能合约的可编程性，让债券等权益类资产通证化后可以实现到期自动划拨支付，使投资者更容易管理其资产和权利。

在海南国际离岸创新创业示范区建设暨区块链·数字资产交易技术创新高端论坛上，中国资产证券化论坛主席孟晓苏提出，区块链和资产通证可以实现不动产证券化交易，表示区块链和资产通证化会成为不动产资产交易的颠覆性技术。他同时指出，区块链的防篡改和去中心化数据库等技术特点在不动产资产通证化中有三种应用：一是份额化及可定制，所有权可以份额化；二是智能合约和自动化，降低价值链上的摩擦和成本；三是建立在区块链基础上的交易所，通证型证券可以在基于区块链基础设施的二级市场交易。2020 年 8 月 28 日，中房集团就中房国际大厦 ABT 资产通证化与泰坦资本达成合作，把中房国际大厦部分办公、商务餐饮、Loft 公寓及住宅公寓等价值 2.8 亿元的不动产进行资产通证化试点。"房地产通证化＋区块链"将成为我国权益类资产通证化的重要应用。

（3）艺术品展开通证化交易

艺术品的资产通证化是将艺术品变成一系列去中心化、公开透明及可溯源的数字资产，从而实现艺术品的流通性、信用性和金融性，解决艺术品文化产业融资、创业、投资高门槛和渠道少且手续繁多等痛点问题。可以进行通证化的艺术品金融产品有艺术品信托基金、艺术品投资基金和艺术品数字"股票"等。

艺术品信托基金是典型的以艺术品为抵押的固定收益或浮动收益的艺术品投资集合资金信托计划产品，信托资金主要用于购买文化艺术品的收益权。艺术品信托产品有的是浮动收益类型，即看涨未来的艺术品市场，收益较高，但也需要承担一定的风险；有的是固定收益类型，以质押担保的方式操作，安全性较高，但收益相对低一些。例如，某艺术品产品信托 1 号的信托融资额为4650 万元，期限为 18 个月，信托资金主要用于购买数幅知名画作的收益权。购买的艺术品（质押品）的评估值超过 9000 万元，质押折扣率为 50%。该产品到期后，最终的实际收益率为 7.08%，与预期收益率 7% 基本一致。艺术品信托基金可以通过通证化获得更好的流动性，以及降低准入门槛。

艺术品投资基金类似证券私募基金或固收类债券。私募筹集的资金用于投资收藏艺术品，根据基金期限到期分红及预期收益，或通过回购保障。例如，民生银行的"非凡理财·艺术品投资计划 1 号"由北京邦文当代艺术投资公司进行投资，三方收取的费用如下：银行管理费为 2%，信托投资公司的信托报酬为 1.5%，投资顾问报酬为 2%，给客户的预期收益率为 0 ~ 18%。艺术品投资基金的通证化一般设计为数字债模式，固定收益＋部分浮动收益＋部分使用权益，再结合回购、实物赎回等保障措施。

艺术品数字"股票"是将艺术品设计成为拆分的"股票"。有牌照规管的艺术品产权交易的基本流程为"资产包发行人提出申请—文物部门进行售前审批—鉴定评估—上市审核委员会审核—保险公司承保—发行人对拟上市艺术品进行路演—博物馆托管—承销商进场发行—全过程上网公开"。艺术品数字"股票"在交易方式上采取电子化、份额化的连续交易和撮合成交等。艺术品份额化交易操作方便，符合一定条件的投资者只要在文化艺术品交易所开立权益账户、与银行签订三方存管协议并开立资金账户，下载交易系统，便可进行电子化交易。艺术品份额化金融交易基于通证化可以非常完美地实现，但要受限于监管。

4.4　数字产业化发展产生的问题

数字产业化在发展过程中也会不可避免地出现一些问题，如产生数字鸿沟和平台垄断现象、数据权属难以划分、数字资产交易监管面临挑战等。这些问题时刻制约着数字产业化发展的进程。

4.4.1　产生数字鸿沟和平台垄断现象

（1）数字鸿沟现象

数字鸿沟（Digital Divide）是指在全球数字化进程中，不同国家、地区、行业、企业、社区之间，由于在信息和网络技术的拥有程度、应用程度与创新能力上存在差别而造成的信息落差及贫富进一步两极分化的趋势。

第一种表现为"接入鸿沟"。在数字经济背景下，由于部分人能够拥有最先进的信息技术，能够使用计算机、网络接入、电信设施，他们就会比缺乏这些条件的人拥有更多获得信息的机会，享受信息技术带来的便利。

第二种表现为"使用鸿沟"。方便的电子化、网络化服务为不擅长使用智能技术的人群造成了学习上的困难，如老年人和受教育程度低的人群等。具体表现在是否掌握使用数字技术的知识、数字技术的使用广度、数字技术的使用深度等，与公民受教育水平、数字技术培训服务等软件条件密切相关。

第三种表现为"能力鸿沟"。这个阶段的数字鸿沟不再局限于数字技术的发展和使用层面，而是体现为不同群体在获取、处理及创造数字资源等方面的差异。

不同国家和地区的人们之间的数字鸿沟不断扩大，最突出的是发达国家与发展中国家之间的数字鸿沟，以及城市和乡村之间的数字鸿沟。数字鸿沟的产生加剧了个体机会的不均等、企业竞争的不平等、地区发展的不协调和全球发展的不平衡。

（2）平台垄断现象

近年来，我国平台经济迅速发展，新业态、新模式层出不穷，对于推动经济高质量发展、满足人民日益增长的美好生活需要发挥了重要作用。在激烈的竞争中，平台经济领域诸如强制"二选一""大数据杀熟""自我优待""扼杀式并购"等损害竞争、创新和消费者利益的行为频发，引发了社会各方面的广泛关注。这些行为损害了市场公平竞争和消费者合法权益，不利于激发全社会创新创造活力、促进平台经济创新发展、构筑经济社会发展新优势和新动能。在网络外部性的作用下，数字贸易领域很容易形成"赢者通吃"的局面。市场结构趋于垄断，成为数字平台经济发展的普遍现象。垄断平台的横向无限拓展还严重影响到实体经济发展，它们利用自身的垄断优势扼杀创新能力、破坏市场秩序。垄断平台还会多方位挤压实体经济，提高实体经济成本。为了获取更多利润、打造经济帝国，平台企业通过进军消费、科技、医疗、交通、教育、金融等各个市场领域分割实体收益。

4.4.2 数据权属划分存在现实困难

信息和经济全球化加速了信息资产的发展，而数据资产正是由信息资产、数字资产衍生出来的一种资产形式，并且随着大数据时代蓬勃发展。数据资产的应用场景极其丰富，并仍在不断扩大。例如，我国三大运营商通过自有的大数据平台系统，会根据用户的使用情况定期分析高价值用户的套餐装填、消费情况、使用异常等，从而制定相关会员制政策，为高价值客户提供适当的人文关怀，用续约优惠、充值减免等方式吸引用户续约，延长稳定收益时间；阿里巴巴旗下服务于品牌的消费者数据资产管理中心——品牌数据银行，就是将品牌消费者数据视为资产，像货币一样进行储蓄和增值，品牌商由此可以直观地看到相应的消费者资产，并用于帮助其营销决策。

但是，目前数据权属还没有得到确定，企业能否合法合理地使用用户数据，用户又如何拿到企业使用个人数据的收益，都是一个值得探讨的问题。数据资产具有非排他性、可无限复制、多主体参与处理等特性，这决定了数据权属界定比之前任何权利界定都更加复杂。例如，基于个人信息通信行为产生的通信来源、通信时长、通信设备等数据，由于与其他数据结合能够识别个人，因此很难完全界定为个人信息或企业信息。而且，数据权属界定还需平衡隐私保护和数据资源开发利用、私人利益与公共利益等多层利益关系，要在不同的数据主体之间做好数据收益分配，操作难度大。例如，对于收集、加工处理个人信息获得的数据，如果将数据产权完全界定给个人，则可能会因为界定程序烦琐、成本较高而影响数据资源的优化配置，导致社会福利受损；如果将其界定给收集数据的企业，则难免会侵犯个人信息权益、隐私权利等，给个人财产、人身等造成损害。

4.4.3 数字资产交易监管面临挑战

在信息全球化的背景下，发展数字经济已经成为全球多数国家提升国际竞争力的重要途径。同时，随着以区块链、人工智能、大数据等为代表的数字技术的发展，数字资产也逐渐成为金融科技领域极具影响力的行业。面对这些新兴的数字技术，包括数字资产在内的金融科技为了带来新的业务模式、新的技术应用、新的产品服务，试图突破一些现行的金融监管规则。然而，现有的法律法规与监管办法难以跟上新潮流的发展，也就造成了数字资产交易监管已经成为全球数字资产领域发展的一大难题。2017 年 9 月 4 日，中国人民银行等七部委联合发布《关于防范代币发行融资风险的公告》，全面禁止利用相关概念进行投机炒作，从事非法金融活动，扰乱经济金融秩序。此后，相关监管政策陆续出台，从对首次币发行（ICO）融资项目、境外 ICO 机构、ICO 项目推介渠道等多角度进行监管。此外，加大力度管控违规平台，在组织屏蔽"出海"虚拟货币交易平台及支付结算终端、持续加强清理整顿、打击 ICO 及各类变种形态、积极进行风险提示与舆论引导四个方面采取了一系列措施，防范化解可能形成的金融风险与道德风险，依法打击各种违法犯罪行为和活动。由此可见，我国在政策方面对以比特币等为代表的加密货币的交易上市是明确禁止的。

目前的数字资产交易都是以分布式存储的形式发展的一种分布式经济，而因为分布式经济的数字资产主体会出现难以认定责任人的问题，交易双方可能利用多数用户信息不对称的弊端从事非法活动，从而造成对投资者的保护及对境外交易方的法律定性监管的难题。例如，分布式经济的数字资产主体如果为身在国外的人士或相关组织，一旦上线交易后，交易的资产可能出现短时间内归零的情况，借此故意释放利好利空，从而进行相关的不法活动。

除了对国外数字资产交易的监管存在困难之外，国内数字资产的交易监管也同样存在困难。例如，对于数字资产交易的门槛界定问题，什么样的数字资产交易才算是在监管范围内的交易，数字资产交易过程中的技术可行性，数字资产的交易对象及市场发展该如何抉择，都是目前数字资产交易方面的难点。

第 5 章

数字产业化发展的新增长点

随着信息技术的发展、创新和普及，信息的交互流动从慢速走向光速，数据呈现爆发式增长，数理环境下的无限可扩展性、无限可复制性与多维可塑造性为人类社会的发展带来了巨大的影响。人类的社会生活与经济活动正在实现从物理世界到数字世界的迁徙，这个过程中产生了体量巨大的数字资产。资产的新型表现形式在未来将和现有的资产表现形式共同构成新的经济活动。

5.1　数字资产

数字经济发展日益成熟，数据作为一种新型生产要素，正逐渐成为经济发展的新增长点。数字资产已经占据重要的经济地位，成为现代经济领域中重要的资产形态，是关系到企业发展的重要资源。

5.1.1　数字资产以电子数据形式存在

⊃ 数字资产的定义及特征

数字资产是指在信息化时代由个人、企业或国家拥有或控制的，以电子数据形式存在的，预期能带来经济利益或具有潜在经济价值的资产。数字资产具有以下特点。

（1）数字资产有明确的归属主体

数字资产在创造、存储、流转及消亡之前都有明确的归属主体，主体具有对数字资产的使用权等相关权利，并且此类权利由信息技术提供保障。

（2）数字资产以数字形式存储及流转

数字资产与实物资产的最大区别是数字资产存在于网络空间，而实物资产存在于实际物理空间。数字资产在网络空间以数字形式进行存储及流转，并且

151

可以通过技术实现网络空间与物理空间的映射。

（3）数字资产本质上是一种财富或资源

数字资产是一种能带来经济利益的财富或资源，可以在生命周期内交易和流通。

（4）数字资产是主体在参与社会经济活动时创造的

数字资产不是凭空产生的，而是通过主体在参与社会经济活动时付出相应代价、成本后创造的，本质上是一种能量形式的转化，或者能量在不同空间的新生与湮灭。

（5）数字资产是可量化、可拆分、可组合的

数字资产在网络空间中以数字化形式进行表达，符合《企业会计准则——基本准则》中关于资产的定义和确认标准，具有可计量性，并且在技术支持的范围内可以实现拆分和组合。

⊃ 数字资产与无形资产的区别

数字资产作为一种新形态的资产，传统会计模式不能直接运用于其中。由于数字资产的获取途径不同、类型不同，其确认方式也有很大区别，不宜直接归入当前某一类资产中，需单独设立"数字资产"科目进行核算。

《企业会计准则 第6号——无形资产》规定了无形资产是指企业拥有或控制的没有实物形态的可辨认非货币性资产。数字资产具有无形资产确认条件的特征，表现在三个方面：一是数字资产没有具体的物质形态，它以抽象的方式存放在存储介质中，无须占据有形的存储空间；二是数字资产也可以为企业带来长期的收益；三是数字资产与无形资产一样能够可靠地计量。

但是，数字资产也具有不同于无形资产的特征：一是无形资产是非货币性资产，而数字资产中的数字货币属于货币性资产，其价值无须再计量；二是数据类资产不完全具有独占性和排他性，一些可开放、共享的数据并不为他人独占，他人的购买、使用正是研发数字资产的目的，而无形资产要求同时具有独占性和排他性。因此，无形资产的会计核算方法不适用于数字资产。

⊃ 数字资产的分类

按照资产金额是否固定或可确定，数字资产可以分为货币性数字资产和非货币性数字资产，如表 5-1 所示。

表 5-1　资产与数字资产的分类

资产	数字资产
货币性资产是指持有的现金及将以固定或可确定金额的货币收取的资产，包括现金、应收账款、应收票据及准备持有至到期的债券投资等。这里的现金包括库存现金、银行存款和其他货币资金	货币性数字资产是指在网络空间中的数字货币及固定或可确定金额的货币收取的资产，能立即投入流通，用于购买商品或劳务，或用于偿还债务的资产，包括法定数字货币、虚拟数字货币等数字货币
非货币性资产是指货币性资产以外的资产，包括存货、固定资产、无形资产、股权投资及不准备持有至到期的债券投资等	非货币性数字资产是指货币性数字资产以外的数字资产，包括数据类资产、数字权益类资产

⊃ 数字资产的体系框架

根据数字资产的分类和当前数字经济的发展现状形成了数字资产体系框架，如图 5-1 所示。

数字资产的底层由数字经济的基础设施组成。资产流通是数字资产在社会生产活动中流通的全过程，包括资产存储、资产评估、资产交易、资产确权、资产结算、资产交割、资产安全保护等环节。数字资产主要包括数字货币资产、数据类资产和数字权益类资产。数字资产的发展还需建立完善的资产政策

数字资产政策体系
- 数字资产确权体系
- 交易平台建设规范
- 数字资产评估规范
- 资产存储安全保障
- 交易过程安全保障

数字权益类资产
- 虚拟数字货币

数据类资产
- 数据资产
- 数字作品
- 数字版权

数字货币
- 法定数字货币

资产流通
- 资产存储
- 资产评估
- 资产交易
- 资产确权
- 资产结算
- 资产交割
- 资产安全保护

基础设施
- 信息基础设施
  - 通信网络基础设施：5G、物联网、工业互联网、卫星互联网
  - 新技术基础设施：区块链、云计算、人工智能
  - 算力基础设施：数据中心、智能计算中心
- 融合基础设施：智能交通基础设施、智慧能源基础设施
- 创新基础设施：产业技术创新基础设施、科教基础设施、重大科技基础设施
- 传统信息基础设施：固定宽带、无线局域网、移动宽带

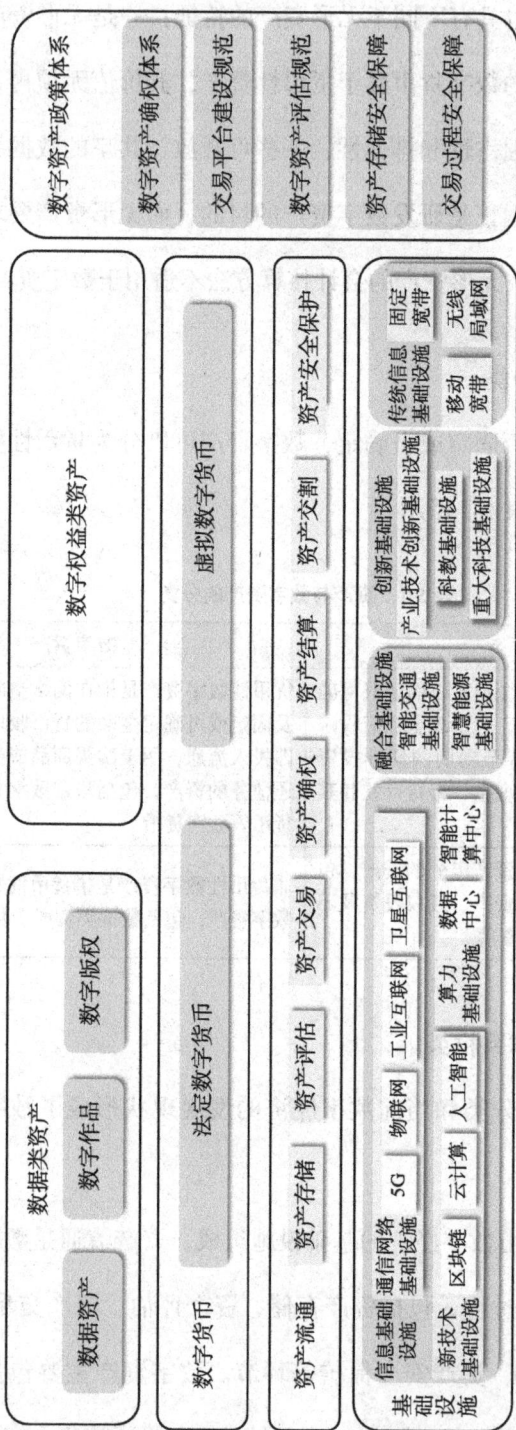

图 5-1　数字资产体系框架

体系，包括数字资产确权体系、交易平台建设规范、数字资产评估规范、数字资产交易安全保障体系等。

⊃ 数字货币

数字货币是存储在网络数据库中的、以数字方式发行且具有支付能力的货币，可用于真实和虚拟的商品和服务交易。数字货币是使用密码学原理确保交易安全及控制交易单位创造的交易媒介。根据是否由中央银行发行，数字货币分为法定数字货币和虚拟数字货币。虚拟数字货币也称为私人数字货币。中国人民银行及相关部委在 2013 年 12 月发布的《关于防范比特币风险的通知》和 2017 年 9 月发布的《关于防范代币发行融资风险的公告》中，明确比特币等私人数字货币在我国"不具有法偿性与强制性等货币属性，并不是真正意义的货币"，更似一类特殊的虚拟商品。2018 年二十国集团（G20）峰会的会议报告进一步将私人数字货币定性为加密资产，这一定性后续被国际监管组织和央行广泛采纳。反观央行数字货币，全球大多数中央银行已开展积极探索。

法定数字货币是由中央银行或政府发行，采取特定加密技术实现数字化的货币形态，并具有法定支付能力的货币。法定数字货币的发行流通体系是一国金融体系的关键组成部分，理论上有两种模式。

第一种是中央银行面向公众的一元发行模式，即单层运营体系。央行跳过商业银行这个环节直接面向公众发行数字货币，并直接负责全社会法定数字货币的流通、维护等服务，市场交易主体可以直接在央行开立账户。在一元发行模式中，中央银行根据宏观经济形势及货币政策调控的需要确定数字货币的最优发行量，直接向公众发行法定数字货币。公众作为中央银行的直接债权人在中央银行开户，并通过个人数字钱包保管数字货币。

第二种是遵循中央银行通过商业银行发行货币的二元发行模式，即双层运营体系。中央银行面向商业银行进行货币发行和回笼，商业银行受央行委托向公众提供法定数字货币存取等服务，并与中央银行一起维护法定数字货币的发行及其流通体系的正常运转。在该模式下，中央银行先将法定数字货币统一存放到发行库，在央行同意商业银行数字货币申请后，数字货币从发行库调入商业银行库，最终用户向商业银行申请提取数字货币，得到允许后进入用户的数字钱包。

法定数字货币由央行发行，其本质仍是中央银行对公众发行的债务，以国家信用为价值支撑。与传统纸币相比，法定数字货币更加安全、高效、便捷，央行可以对数字货币的发行、流通、储藏等环节进行全流程的追溯，从而深入分析和研究货币的运行规律及结构特征，跟踪分析货币需求变化及其驱动因素，通过货币流信息探知经济个体行为，从微观把握宏观，提高货币调控的预见性、精准性和有效性。发行法定数字货币也是传统银行制度创新发展、中央银行等监管机构执行金融政策及实施有效监管的现实需求。中央银行应基于维护金融稳定、促进金融创新、契合技术演进路径等因素综合考虑，逐步实现法定数字货币的发行流通及对私人数字货币的有效监管。

数字货币有以下四个优势。

第一，央行数字货币为用户提供了小额高频交易的数字支付方式，且透明度高、成本较低。与私人电子支付方式相比，现金具有更广泛的可获得性，央行数字货币就是现金的一种表现形式。央行数字货币不仅可以降低现金发行成本，而且不需要依赖商业银行和互联网进行支付，可以实现更加方便、快捷的交易。

第二，数字货币能增强央行对货币投放的管控能力。我国现金（M0）占

M2 的比重从 1998 年的 11% 降至目前的 4%，线下支付多被银行、微信、支付宝等第三方机构主导。未来如果推出高信用等级的央行数字货币（DCEP），或将重塑支付行业的竞争格局，增强央行及商业银行对货币投放的管控能力。

第三，数字货币能实现保护个人隐私、满足匿名支付的需求。法定数字货币脱离传统银行账户，即"账户松耦合"，就可以完成价值转移，大大降低了对传统银行账户的依赖，从而实现了可控匿名。由国家管理法定数字货币的支付数据，一方面有助于保护公共隐私，另一方面也有助于打击洗钱、恐怖融资、偷税漏税等非法活动。

第四，提升货币运行的监控效率，提高货币政策的有效性。数字货币的发行和纸币的逐步退出将有助于宏观经济更趋稳定。公众持有和使用数字货币的信息能够直接反馈央行，大数据支持的央行数字货币能够更加及时准确地抓取货币流通的有效信息，为货币政策调控提供精准依据。同时，央行能够绕过金融市场中介直接作用于数字货币的利率，可以提升货币政策传导的效果。

但是，数字货币仍存在缺陷。数字货币能够达到可控匿名，但无法提供与使用现金相同级别的匿名性。对于监管机构而言，这是数字货币的优势，但用户隐私信息泄露的风险增大。数字货币只有在拥有充分的流动性和易用性的情况下，才能成为完全等价的现金。未来，数字货币流动范围还需扩大。作为一种新形式的货币，数字货币还需要更长时间进行充分测试以减弱潜在的风险。

5.1.2 新技术加快数字资产发展

⊃ 区块链赋能数字资产发展

区块链是多种技术的创新性融合，其关键技术包括哈希函数与非对称加密、区块与链式结构、P2P 通信、数字签名、共识机制、智能合约等。随着科学技术的不断创新，交易成本也在不断降低。区块链作为驱动交易变革的新兴技术代表，为资产数字化、降低不必要的交易成本提供了可能。区块链技术使用共识机制维护一个完整的、分布式的、难以篡改的账本，让区块链中的参与者在无须建立信任关系的前提下实现统一的账本，有效地避免了"机会主义行为"造成的损失，实现了社会福利的最大化。区块链使数字资产在没有第三方支持下的远距离价值转移成为可能，参与方可以在无须了解对方基本信息的情况下进行交易，实现了"无须信任的信任"。区块链能够进一步整合闲散资源，降低交易成本，促进共享经济，实现资源优化配置，从而提升整体经济社会的运行效率，推动社会迈向智能化、数字化。区块链因其具有分布式存储、难以篡改、集体维护、可追溯等技术特征，从而构建了独特的信任机制，在数字经济领域得到了广泛的应用。

（1）区块链催生了多种加密数字货币

区块链技术创新了分布式架构的金融业务模式，实现了每个节点之间的交互，提高了交易的工作效率，大大提升了业务交易能力。比特币是首个基于区块链技术并成功运行的数字货币，但其在九年多的运行过程中也逐渐显现出不足之处，包括交易速度、交易确认时间、能源消耗、应用可扩展性和存储安全等方面。在完善比特币不足之处的过程中，以区块链为基础的加密数字货币也在不断发展。例如，以太坊、稳定币等都在比特币的基础上进行了一定程度的改进和演化，推动了数字货币在使用的便捷性、应用的多样性和存储的安全性等方面进一步发展。

（2）区块链有助于数字资产确权

区块链技术从一定程度上能够有效解决数字资产的确权问题。不过，区块链技术并不能对上链之前的原始数据的真伪做出判断，这不是区块链可以真正使用的地方。区块链可以与其他技术配合，如可信物联网，利用智能终端收集数据后直接自动做打包上链处理，或借助线下的第三方机构对数据进行真实性认证。传统形式的资产登记存储于中心数据库中，中心数据库易受到攻击，使资产难以得到有效的安全保障。而且，网络中的数据易被复制和传播，资产难确权，不能够让其所有者获得合理的经济利益。区块链的逻辑能够为数字资产权属的确定提供支撑。利用区块链的数字签名、共识机制、智能合约等技术可以对数字资产进行确权，将资产的所有者、生产者和使用者都作为重要的节点加入区块链网络，建立安全可信的身份体系和责任划分体系，并对数字资产的传输、使用、交易和收益进行全周期的记录与溯源管理，为数字资产的流通提供坚实的技术基础。

（3）区块链有助于提高数字资产的真实性和可信度

区块链系统采用线性链表的结构，保证了复杂系统中数据管理的有效性和稳定性。通过引入时间戳、数据摘要、信息嵌套等方式，使后生成的数据中包含之前的数据信息，具有对前面的数据进行校验的能力，保障所有信息可追溯、可验证，进而体现数据难以篡改。随着数字技术的发展，传统的纸质票据将被数字票据替代。但是，当前数字票据还存在诸多缺陷：票据的真实性难保障，目前市场中仍然存在克隆票、变造票等伪造票据的现象；票据的违规交易多，存在为谋取私利进行一票多卖、清单交易、带行带票、出租账户等违规行为，难以有效管控和防范风险；票据的信用风险较高，存在商业汇票到期但承兑人不能及时兑付等现象。

区块链技术能够有效解决传统票据交易市场存在的诸多痛点，为优化现行数字票据市场提供更好的选择。

首先，区块链能重塑票据价值传递模式。区块链的分布式结构改变了现有的系统存储和传输结构，使多方节点间建立全新的连续"背书"机制，真实反映了票据权利的转移过程，直接提高了整个票据市场的运作效率。

其次，区块链能够降低监管成本。一旦达成多方共识使数据上链后，区块链中的全节点都共同维护同一个账本，所有节点都可作为备份节点，使单点违规操作无法进行，同时在共识机制中具有对不良节点的惩罚措施。通过智能合约能够进一步控制节点操作和票据流转过程，有助于建立更好的市场秩序。

最后，区块链赋能数字票据信任属性以达到信任传递。区块链利用多方共识机制实现了数字票据经过多方交叉验证后生成上链，利用加密机制实现了节点的身份验证问题，利用数字签名等多种加密算法实现了数据真实有效、不被篡改，以及多方信任传递，并使数字票据可以灵活便捷地拆分和重组。

（4）区块链有助于保障数字资产安全流通

区块链技术可以在没有第三方背书的情况下，在一个开放式平台上实现价值远距离的安全交付。通过点对点的价值转移体系，使用密钥和签名管理用户权限，从而保障数字资产的安全性；通过共识机制保障交易信息不可篡改，甚至在被攻击的情况下依然能够准确传递信息。区块链通过加密算法可以将多源异构的数字资产上链存储，使链上数据可以自由交易。

一方面，区块链技术保障数字资产存储安全。数据经过区块链共识机制达成共识后，会保存在全网节点的数据账本中，单点数据的丢失不会影响数据的完整性。通过区块链哈希算法提取数据指纹，建立数据和指纹的对应关系，对数据任何形式的造假都会导致数据指纹发生变化，从而保障了数字资产的真实性和完整性。

另一方面，区块链技术有助于保障数字资产交易安全。区块链以链式结构对数据进行存储，并对数据添加时间戳。这种顺序排列的数据结构使数据操作和活动都可被查询和追踪，为数据全生命周期审计和溯源提供了有效手段。智能合约的引入能够在不需要第三方的情况下自动执行合约条款，有助于多方参与者根据事先约定的规则处理交易、结算事务，从而完成数字资产的安全流转。

⊃ 大数据赋能数字资产发展

（1）数据中心等基础设施提供了数字资产存储、流通的平台

在新基建中，与大数据相关的基础设施包括数据中心和深度应用大数据技术转型升级的融合基础设施。数据中心是在物理空间实现信息的集中处理、存储、传输、交换、管理的算力基础设施，主要由基础环境、硬件设备、基础软件和应用支撑平台组成，涵盖了云计算、人工智能、机器学习等新兴技术。根据数据存储的特点和应用场景的不同，数据中心大致分为两种：一种是以云计算平台界定的超大规模云数据中心，需要大量数据储备和大规模链接；另一种是更加靠近应用，具有低时延效果的边缘数据中心。

移动通信技术不断更新升级，促使更多行业进入万物互联时代，任何高科技产品和服务，如自动驾驶、虚拟现实、可穿戴设备、超高清视频、智慧城市等都将产生海量的数据。这些数据的存储和管理必然需要数据中心的支撑。一方面，数据中心合理布局能整合分散的数据资源，推进重点领域大数据的高效采集、有效整合。另一方面，数据中心可通过处理互联网、物联网产生的海量结构化数据和非结构化数据，为用户提供有价值的信息。企业数字化、公有云

和私有云的建设也对数据中心提出了更高的要求，数据中心将成为存储数字资产的重要基础设施。

大数据与人工智能等技术实现了传统基础设施的转型升级，使其发展成为社会数字化与智能化的融合基础设施。融合基础设施让数据之间流通交互，是具备感知、连接、存储、计算等能力的行业共性基础设施，如智能交通基础设施、能源基础设施等。基于大数据的融合基础设施不是某一项技术与传统基础设施的直接叠加，它既能实现各领域服务的数字化，进一步提升数据分析和存储能力，又能拓展传统基础设施的服务范围，提升传统基础设施的运行效率和服务能力。

（2）大数据提升数据价值，为数字资产增值

数据已成为数字经济时代最关键的生产要素，数据存储能力的强弱、数据质量的优劣、数据挖掘和分析水平的高低都影响着企业竞争力甚至国家综合实力。网络数据来源可以分为三类：一是传统企业数据，包括客户关系管理系统（CRM）的消费者数据、传统的企业资源计划（ERP）数据、库存数据及账目数据等；二是机器和传感器数据，包括智能仪表、工业设备传感器、设备日志及交易数据等；三是社交数据，包括用户行为记录、反馈数据等，如微博、百度等网络媒体平台的数据。网络数据体量大、来源多、价值密度低，非结构化数据维度多、随机性强，这些数据特征都加大了挖掘数据价值的难度。企业端存在数据质量低、格式不统一、存储分散、数据挖掘能力不足的问题，导致数据割裂、利用不充分的现象较普遍；政府端存在数据共享不充分、关键领域数据监测不足、风险预警数据不敏感等问题。为了使基础数据和过程性数据优化组合产生有价值的信息，迫切需要分布式计算、数据挖掘、数据可视化等方面

的技术支撑。

运用现有大数据技术，可以从各种来源的数据中获得价值。依据数据的结构形式构建分门别类的信息预加工库，采取相应的数据预加工策略，从而将采集到的规模庞大、混乱无序的数据向体量较小、分类有序的方向转变，能有效降低数据处理的盲目性。大数据分析算法能发现数据规律、预测发展趋势，从数据中获取新知识、发现新规律，为科学决策提供可靠的依据。企业借助大数据技术，可以有效挖掘数据价值，提高管理决策水平，提升经济效益。政府通过大数据技术有机地整合多源网络数据和社会数据并加以分析利用，能够大幅提高办公效率，提升数字化治理水平，从而加速推动社会经济的发展。

（3）大数据能提升网络安全，保障数字资产安全

目前，全球网络安全状况非常严峻，新技术的发展在为网络时代带来变革的同时，也使网络攻击的手段更加多样。近年来，全球发生多起网络攻击事件，涉及教育、交通、医疗、能源等多个重要领域，数字资产丢失的情况时有发生，时刻威胁着国家网络安全及个人信息安全。因此，准确、全面地分析和预防网络攻击成为保护数字资产安全的关键。将大数据技术应用于网络安全工作中具有三重优势：一是能满足大容量数据的处理和存储需求，对采集到的海量异构数据进行分布式存储，实现对海量信息数据的聚集管理，为保障网络安全提供科学、准确、全面的数据资源；二是能够有效地提升网络数据的分析能力，应用并行计算、数据挖掘等技术手段，全面提升数据的分析效率和风险预警能力；三是能降低数据处理成本，提升分析结果的可靠性。相对于传统数据处理手段大多围绕某一个具体问题进行有限的数据采集和分析，大数据技术能从不同层级、不同角度对采集的海量异构数据进行耦合分析，得到的结论更加

准确可靠。

➲ 人工智能赋能数字资产发展

（1）人工智能基础设施推动数据治理和流通

随着大数据、云计算及算法的发展，人工智能的浪潮从几年前一直延续至今，并广泛应用于多个行业和领域，成为下一次科技革命的领军技术之一。由于数据量与数据来源的猛增，数据治理也成了企业在充分挖掘利用数据价值过程中必不可少的环节，并逐渐发展成为企业的核心业务之一。

由于数据治理的输出是人工智能的输入，即经过数据治理后的大数据，因此数据治理与人工智能的发展存在相辅相成的关系。一方面，数据治理为人工智能奠定发展的基础。通过数据治理，企业可以提升数据质量、增强数据合规性，为人工智能的应用提供高质量的合规数据。另一方面，人工智能对数据治理存在诸多优化作用。通过人工智能技术，数据治理工作中的数据模型管理、元数据管理、主数据管理、数据质量管理、数据安全管理等方面的智能化水平得到提升。

就商业社会而言，人工智能结合云计算、物联网、VR/AR 等技术，能够打破各种有形无形的束缚，解放和重构生产要素。随着信息化、数字化、智能设备及移动互联网的深入推进，物理世界和数字世界中越来越多的数据被沉淀出来。第三次人工智能浪潮的主流就是基于大数据，利用深度学习算法挖掘海量数据中的有用信息，寻找其中的深层逻辑。人工智能具有强大的数学能力，加上足够的计算速度，远远超过人类的计算承载力。人工智能可以利用海量数据形成逻辑复杂的拓扑网络，以极高的运算速度放大关键数据节点，识别数据间的所有量化关系，赋予普通的电子数据资料更高的价值，使数据向数字资产方向转变。

（2）人工智能算法、算力提升数据价值

在智能化时代，数据将成为企业的核心资产要素。能否高效地使用这些数据资产，挖掘蕴藏其中的重要价值，决定了企业在智能化时代的核心竞争力。数据能力主要可概括为计算能力和算法能力。随着人工智能技术的不断发展，算法和算力同样得到了快速发展和迭代，二者共同为数据赋予了更多价值。

现阶段，人工智能运用的深度学习框架多数依赖大数据进行科研训练，形成有效模型需要较高的算力。随着人工智能算法模型的复杂度和精度越来越高，互联网和物联网产生的数据呈几何倍数增长。在数据量和算法模型的双层叠加下，人工智能对计算的需求越来越大。人工智能走向深度学习，算力已成为评价人工智能研究成本的重要指标。存内计算提供的大规模更高效的算力，使人工智能算法设计有更充分的想象力，不再受到算力约束，从而将硬件上的先进性升级为系统、算法的领先优势，最终加速孵化新业务。此外，量子计算或是解决人工智能所需巨额算力的另一途径。目前，量子计算机的发展已经超越传统计算机的摩尔定律，其在原理上具有超快的并行计算能力，可提供比传统计算机更强的算力支持。

数据算法能力是把多元的数据集或获取到尽可能多的数据转化为一个决策判断结果应用于业务场景。算法对业务应用场景的开发构建是一个从 0 到 1、从无到有的过程，代表着用系统的方法描述解决问题的策略机制。也就是说，能够在有限的时间内对一定规范的输入获得所要求的输出。如果一个算法有缺陷，或不适用于某个问题，执行这个算法将不会解决这个问题。不同的算法可能用不同的时间、空间或效率完成同样的任务。在计算机出现的初期，人们试图将知识放入计算机，然后通过程序解决问题，由此产生的计算逻辑被称为算法。当然，算法也并不一定是程序，通过给定的规则和自动化的过程得到结果即可被视为算法。人工智能算法从1936年被艾伦·图灵提出后，先后经历了起源、初期、进化计算、专家系统和知识工程、神经网络、分类算法和深度学习几个阶段。人工智能算法的迭代使基于数据模型对沉淀数据进行"智慧"计算的能力不断增强，人工智能的应用领域从广度向深度发展。

（3）人工智能实现资产从物理世界到数字世界的映射

数字化转型正逐渐渗透进人们的社会生产及生活中。产品生命周期的缩短，产品定制化程度的加强，以及企业必须与上下游建立协同的生态环境，都迫使企业不得不采取数字化的手段来加速产品的开发，提高开发、生产、服务的有效性，以及提高企业内外部环境的开放性。这要求企业不仅要开发出具备数字化特征的产品，更要将整个产品的设计、开发、制造和服务过程数字化升级，这一切都将成为企业数字资产的一部分。

而实现数字化升级的基础便是由人工智能技术带来的数字孪生。数字孪生技术针对物理世界的物体，通过计算机技术手段在数字世界构建一个一模一样的数字化"复刻"，借此实现对物理实体的了解、分析和优化。物理设备的数据可以在虚拟（信息）空间构建一个能表征该物理设备的虚拟实体和子系统。这种联系不是单向和静态的，而是在整个产品的生命周期中都联系在一起。随着人工智能技术的不断发展，更多工业产品、工业设备具备了智能的特征，而数字孪生也逐步扩展到包括制造和服务的完整的产品周期阶段，并不断丰富数字孪生的形态和概念。数字孪生技术以人工智能的智能识别为基础，包括视觉技术、自然语言处理技术和知识图谱，通过对物理实体多方位、全角度的数字化映射构建"数字实体"。

（4）人工智能技术保障网络安全，提高数字资产的安全性

随着云平台和数据中心的兴起，数据的物理边界正在消失，数据的高度集中无疑使网络安全面对的挑战与日俱增。人工智能的分析、预测能力可以运用于网络安全的诸多领域，从而保障网络安全，提高数字资产的安全性。

第一，大数据分析识别威胁，可基于大数据做大安全。基于机器学习、深度学习算法的人工智能安全分析引擎，通过对不同数据类型的大量数据进行聚合、分类、序列化，有效检测识别各类网络安全威胁，大大提升安全检测效率、精准度和自动化程度。

第二，关联性安全态势分析，可全面感知内外部安全威胁。网络安全态势感知对影响网络安全的诸多要素进行获取、理解、评估和预测，对各种网络安全要素数据进行归并、关联分析、融合处理，通过对安全风险数据进行关联性安全态势分析，从而预测网络安全状况，构建网络安全威胁态势感知体系。

第三，自学习应急响应防御，可构建主动安全防御体系。借力人工智能的学习和进化能力，可应对未知的、变化的攻击行为，并结合当前安全策略和威胁情报形成安全智慧，主动调整已有安全防护策略。

随着网络安全数据量的爆发增长、深度学习算法的优化改进、计算能力的大幅提升，人工智能技术必将成为下一代网络安全解决方案的核心，人工智能在网络安全领域的应用必将呈现跨越式发展，成为数字资产安全的坚实保障。

◌ 工业互联网赋能数字资产发展

数字资产在数据传输、数据模型使用范围、数字资产标识解析及数字资产安全等方面都有较多要求。

第一，数字资产本身是在网络空间以数字形式存在的，因此要确保网络空间中数字的安全、防篡改、可追溯等特性，便于数字资产之间建立可信的分布式节点，建立信任机制，进行价值传递。

第二，数据传输要求速度快、时延低。未来的网络空间中，大量数字资产信息进行交互，对数据传输速度的要求就要提高，便于分布式数字资产之间互联互通。而目前的数据传输速度显然不能达到未来数字资产的数据传输速度要求。

第三，数据量大，数据模型迭代、计算能力要强。网络空间中，数字资产以数字形态存在。在这些看似无关与独立的数字信息中，如何及时快速地提取反映资产现实特征的数据模型、精确反映应用场景的情况、预测与预警或指导决策，都需要强大的计算能力及分析、识别能力。基于目前的建模技术及计算能力，很多时候无法满足数字资产时代的要求。

第四，物理空间的资产与网络空间的数字资产需要建立一一对应的关系，资产与数字资产之间的身份认证机制就变得极为重要。只有具备完善的认证机制，才能更加安全地完成资产在物理世界中的传递，确保资产权益的合法转移。实际上，完成数字资产与资产一对一的身份认证也是一个难点问题。

工业互联网无论是在数据计算能力还是数据模型、安全方面都有很多优势，接下来从以下几个方面对工业互联网赋能数字资产的发展进行介绍。

（1）工业互联网网络体系打造价值数据流通、汇聚的网络空间

工业互联网网络是基础，推动数字资产网络互联，打造数据流通、汇聚的网络空间，实现空间内资产的确权、交易、转移，实现价值传递。在网络层面，主要是实现网络互联、数据互通、标识解析。网络互联能力实现了所有工

业设备、资产、物理系统的连接；数据互通能力增强了应用层的通信、信息模型、语音互操作，在连接的情况下提升物体和物体之间的"对话能力"；标识解析能力实现要素的标记、管理和定位。其中，标识解析提供标识数据采集、标签管理、标识注册、标识解析、数据处理和标识数据建模功能。

（2）工业互联网平台打通跨企业、跨平台、跨地域之间的价值传递壁垒

工业互联网平台实现了IT、CT、OT的全面融合和升级，它既是一张网络，也是一个平台，更是一个系统，实现了工业生产过程所有要素的泛在连接和整合。在网络层面，工厂/车间之间通过互联网通信技术，实现传统工业制造全流程数据资产的互联互通。在平台层面，数字资产在工业互联网平台上实现数据采集、数据挖掘、数据模型应用，为企业创造价值。在系统层面，工业互联网平台可以接入外部系统。当外部系统接入时，工业互联网平台将出现海量数据，企业间共享大数据技术产生的成果，如模型，实现企业的增值。

（3）工业互联网技术体系推进资产数字化进程

资产数字化进程需要强大的数据处理与价值转化能力。工业互联网的核心是数据，工业互联网技术对于数据模型构建、数据价值挖掘已经相当成熟，也可以为资产数字化提供借鉴。工业互联网的信息技术、融合技术、制造技术可以作用于数据层面，构建资产数字化模型，打造工业数字化应用优化闭环，形成自下而上的信息流和自上而下的决策流。工业互联网中的数字孪生技术为资产数字化提供了可能。资产数字化结合工业人工智能技术，又为各类业务应用的开发与实现提供了强大的支撑。工业互联网平台首先通过感知技术采集、识别资产信息，这些资产可以包括企业、厂房、车间，或者企业的股票、债券等权益类资产；然后通过控制技术进行实时控制，再通过数字孪生技术构建资产

在虚拟空间的一对一映射；最后通过工业人工智能技术构建网络空间数学模型，进行数据挖掘分析，反过来为真实生产提供决策优化与价值转化。

（4）工业互联网安全体系为数字资产流通提供安全保障

工业互联网安全是保障，确保数字资产信息传输安全。在工业互联网安全层面，涉及在边缘层面解决网络安全、控制安全、设备安全问题。在企业安全层面，解决数据安全、应用安全、网络安全等问题。在产业安全层面，解决国家或省的平台如何监测、管理企业平台等问题。网络空间中，数字资产信息采集、流通、存储的环节及中心化的数字资产交易中心都存在潜在的安全问题。工业互联网具有比较成熟的安全体系，可以为数字资产安全提供借鉴。

（5）工业互联网平台确保数字资产高效管理

工业互联网平台分别从数据存储、数据采集、数据价值挖掘等方面确保数字资产高效管理。工业互联网平台具有数据存储能力，且不断推动网络空间中数字资产信息快速采集、挖掘处理及数字资产高效管理。在边缘层，工业互联网的设备等实现数据的快速采集；在平台层，基于大数据处理、工业数据分析等功能的操作系统可提供工业数字资产管理能力，将数字科学与工业机理结合，帮助制造企业提高工业数据分析能力，实现数据价值挖掘，推动数字资产价值增值；在应用层，多方开发主体利用技术、知识、资源等，提供设计、生产、管理、服务等一系列创新性业务应用，对数字资产进行全生命周期管理。

⊃ 5G 技术赋能数字资产发展

5G 技术的发展将不断加速经济转型，由传统经济向智能经济过渡，推动多领域发展，如智能制造、智能农业、智能物流、智能金融、智能商务、智能家居领域的发展，加快推进产业智能化升级。5G 技术的推广使数字资产的内涵更加丰富。数字资产本身是作为在网络空间以数字形式存在的资产，其在网络空间完成确权、交易、清算都是以信息传输的形式实现的。那么，在信息传输中的数据安全、传输速度等都是数字资产需面临的问题。数字资产在网络空间实现价值传递，每一种数字资产均可以作为分布式节点。如果既能保证数字资产的隐私性，又可以确保网络空间中资产的透明交易，则网络空间数字资产的大规模交易必将带动数字经济的持续发展。

（1）5G 加快数字资产价值流通

5G 提高信息传输速率进一步赋能数字资产。一是 5G 技术提高数字货币类资产交易速度。5G 作为一种通信技术，可使边缘侧硬件之间的网络通信速度大幅提升，实现更快的交易处理速度。例如，加速手机端数字货币钱包下达指令和上传信息数据的速度，改善用户体验。二是 5G 技术实现实时数据采集。5G 边缘侧进行海量终端数据采集，建立实时数据采集通道，通过边缘接入设备满足对海量终端数据汇集和低功耗的需求。三是 5G 提高海量资产信息交互能力。在云端或核心网数据中心建设资产身份管理平台，实现资产之间的实时"对话"，实现统一的身份管理、认证管理、权限管理，快速配合执行指令，实现数字资产价值流通。

（2）5G 推动网络空间数字资产大汇合

5G 将实现数字资产的超大规模连接。5G 毫米波、微基站、多天线使物理世界分布式存在的资产将在网络空间实现大汇合。5G 时代，网络空间能够为用户提供海量数据，支持用户快速便捷地进行上传和下载，大数据的挖掘和各种模型将最大限度地发挥数据的价值。

（3）5G 安全体系为数字资产流通提供安全保障

5G 安全体系既包括由终端和网络组成的 5G 网络本身通信安全，也包括 5G 网络承载的上层应用安全。数字资产在网络空间流通，首先需要的是网络自身安全，其次是网络中的终端设备数据传输安全，最后是提供应用和服务的安全。5G 的安全体系确保了数字资产在交易、流转过程中的安全。

5.2 数字孪生

人们希望物理空间的实体事物与数字空间的虚拟事物之间具有可以连接数据通道、相互传输数据和指令的交互关系，数字孪生的概念随之应运而生。数字孪生作为智能制造中一种基于 IT 视角的新型应用技术，因建模仿真技术而起，因传感技术而兴，并将随着新一代信息技术群体突破和融合发展而壮大。

5.2.1 数字孪生是实际产品或流程的虚拟表示

数字孪生的概念最初应用于航空航天领域，解决航空航天飞行器的健康维护与保障问题。数字孪生并不是一项全新的技术，而是融合了三维建模、仿真与优化、物联网与传感器、人工智能和虚拟现实等多种新兴技术的复合技术。

数字孪生作为实现虚实之间的双向映射、动态交互、实时连接的关键技术，可将物理实体和系统的属性、结构、状态、性能、功能和行为映射到虚拟世界，形成高保真的动态多维、多尺度、多物理量模型，为进一步观察、认识、理解、控制、改造物理世界提供了一种有效手段[①]。

数字孪生是指通过数字化表达数据连接的特定物理实体或过程，是实际产品或流程的虚拟表示，用于理解和预测对应物的性能特点，可应用于工业生产、智慧城市、大数据医疗等领域。

5.2.2　数字孪生包含六大关键技术

数字孪生以数字化的形式在虚拟空间构建了与物理世界一致的高保真模型，通过与物理世界不间断的闭环信息交互反馈与数据融合，能够模拟对象在物理世界的行为，监控物理世界的变化，反映物理世界的运行状况，评估物理世界的状态，针对发生的问题预测未来趋势。数字孪生关键技术主要包括数据采集技术、数字孪生数据应用、数据建模技术、数字线程技术、数字孪生体技术、人机交互技术。

⊃ 数据采集技术

数据是数字孪生的核心要素，它源于物理实体、虚拟模型、服务系统。数据采集是将真实环境中对生产有所影响的信息通过传感器或其他测试设备适当转换后，经过信号调理、采样、量化、编码、传输等步骤传递到控制器的过程。当下，全球未统一应用层协议，数据采集需从控制系统读取设备数据，就需要经过数据格式解析、数据结构重新定义、数据逻辑重新定义等，对原生数据进行清洗，提取数据关键、有效的部分并进行输出；同时，支持开放式通信标准 OPCUA 和 API 自定义协议接入，确保数据传输的稳定性，降低数据传输

---

① 陶飞，张贺，戚庆林，等. 数字孪生十问：分析与思考 [J]. 计算机集成制造系统，2020，26（01）：1-17.

的时延，实现边缘数据采集的高速、高可靠和高适应性，为数字孪生体系搭建打下基础。

⮕ **数字孪生数据应用**

孪生数据包括物理实体、虚拟模型、服务系统的相关数据，领域知识及其融合数据，并随着实时数据的产生被不断更新与优化。孪生数据是数字孪生运行的核心驱动。搭建数字孪生系统需针对应用对象及需求分析出物理实体的特征，建立虚拟模型，构建连接实现虚实信息数据的交互，并借助孪生数据的融合与分析，最终为使用者提供各种服务应用。多维虚拟模型就是实现产品设计、生产制造、故障预测、健康管理等各种功能最核心的组件。在数据驱动下，多维虚拟模型将应用功能从理论变为现实。

⮕ **数据建模技术**

数字孪生应用中真实物理空间的映射建模需通过研制建模、计算求解、仿真工具集，形成多时空尺度模型统一计算求解能力，研究多领域、多层次数字孪生模型建模方法，形成模型构建与求解软件工具集，从而提升工业互联感知接入装置与软件的多协议、跨平台适应能力，实现多维模型的虚实映射。

虚拟模型是物理实体忠实的数字化镜像，集成与融合了几何、物理、行为及规则四层模型。服务系统集成了评估、控制、优化等各类信息系统，基于物理实体和虚拟模型提供智能运行、精准管控与可靠运维服务。在实际落地中，部署在 PaaS 层上的数字孪生应用可以对企业的设计、生产、管理、运维等领域服务升级形成开放 PaaS 服务；根据工业场景的复杂性和客户需求的多样性，围绕不同场景构建数据模型，并自动生成数据模型的概念关系图、逻辑图和实体模型。构建的数据模型库通过开放的 API 接口，以标准化模型库为基准进行数据交互与存储。通过数据建模工具，对物理空间进行虚拟空间的数字转化提供数据模型，形成虚拟空间的实体数据模型库。

⊃ 数字线程技术

数字线程技术能够屏蔽不同类型的数据和模型格式，支撑全类数据和模型快速流转及无缝集成，主要包括正向数字线程技术和逆向数字线程技术两大类型。正向数字线程技术以基于模型的系统工程（MBSE）为代表，在数据和模型构建初期就基于统一建模语言（UML）定义好各类数据和模型规范，为后期全类数据和模型在数字空间集成融合提供基础支撑。逆向数字线程技术以管理壳技术为代表，面向数字孪生打造了数据、信息、模型的互联互通及互操作的标准体系，对已经构建完成或定义好规范的数据和模型进行"逆向集成"，进而打造虚实映射的解决方案。

⊃ 数字孪生体技术

数字孪生体是数字孪生物理对象在虚拟空间的映射表现，重点围绕模型构建技术、模型融合技术、模型修正技术、模型验证技术开展一系列创新应用。模型构建技术是数字孪生体技术体系的基础，几何、仿真、数据、业务等多类建模技术的创新，提升在数字空间刻画物理对象的形状、行为和机理的效率。在多类模型构建完成后，需要通过多类模型"拼接"构建更加完整、精准的数字孪生体。而模型融合技术在这过程中发挥了重要作用，重点涵盖了跨学科模型融合技术、跨领域模型融合技术、跨尺度模型融合技术。模型修正技术基于实际运行数据持续修正模型参数，是保证数字孪生不断迭代精度的重要技术，涵盖了数据模型实时修正、机理模型实时修正两种技术。模型验证技术是数字孪生模型由构建、融合到修正后的最终步骤，只有通过验证的模型才能够安全地下发到生产现场进行应用。当前的模型验证技术主要包括静态模型验证技术和动态模型验证技术两大类，通过评估已有模型的准确性提升数字孪生应用的可靠性。

◒ 人机交互技术

虚拟现实技术带来全新的人机交互模式，以 VR/AR 为代表的新兴技术正加快与几何设计、仿真模拟的融合，持续提升数字孪生可视化效果。动态实时交互连接将物理实体、虚拟模型、服务系统连接为一个有机的整体，使信息与数据得以在各部分间交换传递；同时将数字孪生应用生成的智能应用、精准管理和可靠运维等功能以最便捷的形式提供给用户，给予用户最直观的交互。

数字孪生不再需要搭建实体原型，即可展示设计变更、使用场景、环境条件和其他无限变量带来的影响，同时缩短开发时间并提高成品或流程的质量。数字孪生的具体功能、应用场景及作用如表 5-2 所示。

表 5-2 数字孪生的功能、应用场景及作用

功能	应用场景	作用
模拟仿真	• 虚拟测试（如风洞试验） • 虚拟验证（如结构验证、可行性验证） • 过程规划（如工艺规划） • 操作语言（如虚拟调试、维修方案预演） • 隐患排查（如飞机故障排查）	• 减少实物实验次数 • 缩短产品设计周期 • 提高可行性、成功率 • 降低试制与测试成本 • 减少危险和失误
监控	• 行为可视化（如虚拟现实展示） • 运行监控（如装配监控） • 故障诊断（如风机齿轮箱故障诊断） • 状态监控（如空间站状态监测） • 安防监控（如核电站监控）	• 识别缺陷 • 定位故障 • 信息可视化 • 保障生命安全
评估	• 状态评估（如汽轮机状态评估） • 性能评估（如航空发动机性能评估）	• 提前预判 • 指导决策

（续表）

功能	应用场景	作用
预测	• 故障预测（如风机故障预测） • 寿命预测（如航空器寿命预测） • 质量预测（如产品质量控制） • 行为预测（如机器人运动路径预测） • 性能预测（如实体在不同环境下的表现）	• 减少宕机时间 • 缓解风险 • 避免灾难性破坏 • 提高产品质量 • 验证产品适应性
优化	• 设计优化（如产品再设计） • 配置优化（如制造资源优选） • 性能优化（如设备参数调整） • 能耗优化（如汽车流线性提升） • 流程优化（如生产过程优化） • 结构优化（如城市建设规划）	• 改进产品开发 • 提高系统效率 • 节约资源 • 降低能耗 • 提升用户体验 • 降低生产成本
控制	• 运行控制（如机械臂动作控制） • 远程控制（如火电机组远程启停） • 协同控制（如多机协同）	• 提高操作精度 • 适应环境变化 • 提高生产灵活性 • 实时响应扰动

5.2.3　数字孪生市场发展壮大

随着信息化与经济社会的融合不断加深，数字孪生成为新基建、工业互联网等国家重大科技发展方向中关键且通用的技术环节。作为一项关键技术和提高效能的重要工具，数字孪生可以有效发挥在建模、数据采集、分析预测、虚拟仿真等方面的作用，助力推进数字产业化发展。作为新一代高新技术，数字孪生结合人工智能、5G、区块链等新技术新应用与各产业不断融合深化，有力推动了各产业的数字化、网络化、智能化发展进程。2020 年，国家发展改革委、工业和信息化部及住建部等多个部委出台了数字孪生相关政策文件，推进数字孪生技术、应用、产业的发展。2020 年 4 月 7 日，国家发展改革委和中央网信办发布了《关于推进"上云用数赋智"行动　培育新经济发展实施方案》，首次指出数字孪生是七大新一代数字技术之一，并启动"数字孪生创新计划"，通过数字孪生体开源社区的建设，突破数字化转型关键核心技术，推进数字孪生产业高质量发展。

赛迪顾问数据显示，2021年我国数字孪生市场规模为27.3亿元。随着数据与仿真相关技术能力不断成熟和融合应用，数字孪生市场发展步入快车道，预计2023年市场规模将突破60亿元。数字孪生最早应用于工业制造领域，在生产中发挥了很好的联通物理和信息两个世界的桥梁和纽带作用。数字孪生的形态和概念不断扩展，并逐步提升为多维动态的管理模式和解决方案，同样对零售、教育、传媒等领域产生了深刻的影响。数字孪生技术服务商方面，近年来以西门子为代表的厂商为了建立更加完整的数字孪生模型体系，研发和整合了质量管理、生产计划排程、制造执行、仿真分析等各领域的领先厂商和技术，支持企业进行涵盖其整个价值链的整合及数字化转型。

⊃ 智能制造领域数字孪生应用

数字孪生在智能制造领域的应用主要有产品研发、工艺规划和生产过程管理，以及设备维护与故障检测。

（1）数字孪生应用于产品研发

数字孪生突破物理条件的限制，帮助用户了解产品的实际性能，以更少的成本和更快的速度迭代产品和技术。数字孪生技术不仅支持三维建模，实现无纸化的零部件设计和装配设计，还能取代传统通过物理实验取得实验数据的研发方式，用计算、仿真、分析的方式进行虚拟实验，从而指导、简化、减少甚至取消物理实验。

（2）数字孪生应用于工艺规划和生产过程管理

数字孪生技术可以应用于生产制造过程从设备层、产线层、车间层到工厂层等不同的层级，贯穿于生产制造的设计、工艺管理和优化、资源配置、参数调整、质量管理和追溯、能效管理、生产排程等各个环节，对生产过程进行仿真、评估和优化，系统地规划生产工艺、设备、资源，并能利用数字孪生的技术实时监控生产工况，及时发现和应对生产过程中的各种异常和不稳定性，日益智能化实现降本、增效、保质的目标和满足环保的要求。

（3）数字孪生应用于设备维护与故障检测

数字孪生提供物理实体的实时虚拟化映射，设备传感器将温度、振动、碰撞、载荷等数据实时输入数字孪生模型，并将设备使用环境数据输入模型，使数字孪生的环境模型与实际设备工作环境的变化保持一致，通过数字孪生在设备出现状况前提早进行预测，以便在预定停机时间内更换磨损部件，避免意外停机。通过数字孪生，可实现复杂设备的故障诊断，如风机齿轮箱故障诊断，发电涡轮机、发动机及一些大型结构设备（如船舶）的维护保养。

➲ 智慧健康领域数字孪生应用

智慧健康是通过利用移动监测、移动诊室、无线远程会诊和医疗信息云存储等智能技术手段，以此提高诊疗效率，提升城市诊疗覆盖面与效率，促进城市医疗资源的合理化分配。将数字孪生应用在智慧健康系统中，可以基于患者的健康档案、就医史、用药史、智能可穿戴设备检测数据等信息在云端为患者建立“医疗数字孪生体”，并在生物芯片、增强分析、边缘计算、人工智能等技术的支撑下模拟人体运作，实现对医疗个体健康状况的实时监控、预测分析和精准医疗诊断。例如，基于医疗数字孪生体应用，可远程和实时地监测心血管病人的健康状态；当智能穿戴设备传感器节点测量到任何异常信息时，救援机构可立即开展急救。同样，医疗数字孪生体还可通过在患者体内植入生物医学传感器来全天监控其血糖水平，以提供有关食物和运动的建议等。

➲ 智慧城市领域数字孪生应用

当前，安全综治、智慧园区、智慧交通是智慧城市建设投入的重点，三大细分场景规模占智慧城市建设总规模的 71%。而城市级平台、机器人等新技术和产品则在快速落地，被更多城市建设方采纳和应用。数字孪生城市是数字孪生技术在城市层面的广泛应用，既可以理解为实体城市在虚拟空间的映射状态，也可以视为支撑新型智慧城市建设的复杂综合技术体系。它支撑并推进城市规划、建设、管理，确保城市安全、有序运行。

5.3 数字内容

数字内容产业是随着信息技术的发展而逐渐形成的一个快速发展中的产业，互联网和智能手机的普及带来了图文、音频、视频、直播等多种形态的数字内容消费。数字内容产业的兴起和发展为信息的生产和传播方式带来了范式转换，促进了教育、媒体、娱乐、旅游等多个领域的革新。

5.3.1 数字内容将数字技术与文化创意相结合

数字内容是将图像、文字、影音等内容通过数字技术进行整合应用的产品或服务的总体，是数字媒体技术与文化创意结合的产物。数字内容产业不是传统意义上或统计学意义上独立的产业，而是由文化创意结合信息技术形成产业形态。数字内容的产业形态是由多个以数字内容为核心的细分领域交叉融合而成，以互联网和移动互联网为传播渠道，以平台为模式的产业群组。数字内容产业涵盖八个领域，包括数字游戏、计算机动画、数字学习、数字影音应用、移动应用服务、网络服务、内容软件、数字出版与典藏，多属于创意产业或文化创意产业的范畴。

5.3.2　科技赋能数字内容发展

数字经济时代，通过 Web 网页、移动应用软件等平台访问并观看图文、音频、视频、直播等多种形态的数字内容消费愈发流行，数字内容创作和传播的速度明显加快。AI、5G、大数据、云计算、物联网等各类先进数据智能、网络基础设施的新技术交织融合，为数字内容应用与服务提供了创新扩容支持，以全程媒体、全息媒体、全员媒体、全效媒体为代表的全媒体将崛起发展。未来，万物互联，万物皆媒，万物成为数字内容的载体和出口。

⊃ 技术应用方面

算法能够实现数字内容聚合和精准推荐，快速匹配信息与人。例如，智能机器人可以用于跨语言、跨业态的沟通和信息搜索；情感识别技术可帮助改变僵硬固化的标签设置，使定向推荐更加感性和灵活；基于专家系统的"媒体大脑"等应用，能够对海量异构数据进行高效的预处理和标准化管理，管理内容资源库，充分挖掘内容素材和文化创意。自然语言处理和计算机视觉能够完成对各种形式和场景下数字内容含义的辨识理解，实现内容的精准匹配和个性化定制。机器学习技术在对内容主体进行要素画像和标签设定方面表现突出，使数字内容突破媒介限制，充分延伸到消费者和其他产业等。

人工智能的发展与数字内容产业相结合，催生了 AI 虚拟主播，这是将语言合成、图像处理、机器翻译等人工智能技术与 2D、3D 等互动显示技术结合而成的能够从事媒体内容生产和传播的非实体主播。AI 虚拟主播通过人脸关键特征提取、检测，以及唇语识别、情感迁移等技术手段，综合运用语音、表情合成及深度学习等技术进行联合建模训练后，快速定制出高度逼真的分身模型。近年来，虚拟主播在新闻播报、直播带货、移动短视频、动漫电影等诸多新媒体传播领域兴起，以粉丝量过千万的"初音未来"为代表的日本知名虚拟歌手在各大平台的 App 上都有入驻，为虚拟主播的整合营销提供了全新的商业契机。

⮕ 传播应用方面

5G 加速推进数字内容与媒体融合，信息传播突破现有传播模式，以更快的传播速度和更丰富的元素提供多样化的数字内容。在 5G 环境下，各类音频、视频内容迎来了更大的发展，音视、视频的传输速度、流畅程度、内容质感都有了大跨度的提升，数字阅读也承载了文字、图像、声音、视频、3D 动漫、游戏等各类内容元素。随着 5G 技术的落地应用，数字内容的不同细分领域也持续向更深层次发展。例如，电子书领域，单一的以文字为主的电子书可能会逐渐被富媒体式的电子书取代，电子阅读器作为专业数字阅读终端的翻页流畅度和承载功能也将有较大的提升；有声读物领域，5G 技术传输容量和传播速度的提升可以进一步提升音频内容的品质，利用 5G 技术在原有的音频基础上增添 3D 环绕立体声效果，让音频的质感更加细腻，进一步提升用户体验。

⮕ 数字内容治理方面

互联网作为重要的信息传播媒介，其高速发展让信息在虚拟网络世界的复制、流转、传播变得十分容易。尤其是在社交媒体环境下，所有人都可以生成内容，整个互联网环境中数字内容的总量庞大且多样化。与之相应，在互联网环境下存在数字内容所有权、使用权难以确定，数字内容质量难以保证，不良信息易于传播且难以监管等诸多问题。

在区块链技术的支持下，互联网环境的数字内容应能精确确权、精准溯源，从而实现合法分享、可信交易及有效监管；同时，应提供对数字内容相关参与方的有效的隐私保护。因此，应从战略上重视区块链技术对互联网的提升和改造，以及基于区块链的互联网数字内容治理，把相应的基于区块链的确权、认证、溯源、交易、监管相关技术逐步纳入新一代互联网的技术体系结构。

区块链技术在数字版权领域的应用，主要体现在对数字内容的全生命周期管理，解决数字内容的确权、用权、维权、交易等环节存在的问题，实现数字版权登记、智能交易、侵权监测等功能，打造全链路的数字版权保护生态体系，促进数字版权市场的健康有序发展。借助区块链技术对数字作品进行确权时，可以减少传统作品版权申请、注册和登记的周期与成本，为数字作品的创作者提供充分的便利性和创造更高的满意度。数字签名技术的引入可以将版权信息中涉及个人隐私的部分加密上传，确保信息不被泄漏，同时也可以满足作者匿名发表的需求。一经确权，数字作品在网络上的流转、交易等各方面信息均会被记录在系统上，实现了对数字作品全生命周期的可追溯、可追踪，为后续可能需要的司法取证提供了强大的技术保障和结论性证据。区块链可以显著提高数字内容的版权所有权信息的可见性和可用性，为数字内容分享平台提供技术支持，实现数字内容的加密分布式存储，追踪版权流转途径，降低版权管理成本，化解数字内容版权流转过程中存在的问题。

5.3.3 数字内容产业发展迅速

⊃ 政策支持为数字内容提供良好的发展环境

我国正在大力培育和发展数字内容产业。2017 年原文化部发布的《文化部关于推动数字文化产业创新发展的指导意见》首次明确了数字文化产业的发展内涵与核心内容，即 "以文化创意内容为核心，依托数字技术进行创作、生产、传播和服务，呈现技术更迭快、生产数字化、传播网络化、消费个性化等特点，有利于培育新供给、促进新消费"。习近平总书记在重要讲话中指出，要顺应数字产业化和产业数字化发展趋势，加快发展新型文化业态，改造提升传统文化业态，提高质量效益和核心竞争力。《中华人民共和国国民经济和社会发展第十四个五年规划和二〇三五年远景目标纲要》也明确提出实施文化产业数字化战略，加快发展新型文化企业、文化业态、文化消费模式，壮大数字创意、网络视听、数字出版、数字娱乐、线上演播等产业。为了推动数字文化产业高质量发展，文化和旅游部于 2020 年 11 月发布了《关于推动数字文化产业高质量发展的意见》，在夯实数字文化产业发展基础、培育数字文化产业新型业态、构建数字文化产业生态等方面提出了多项意见。

⊃ 数字内容需求显著增长

随着网络强国、数字中国战略加快实施推进，我国数字内容产业发展迅速，居民精神消费需求升级，数字内容产业发展迎来新的机遇。从整体来看，我国数字内容产业发展向上、向好、向优，数字出版、数字视听、数字学习、数字娱乐等领域在内容质量、产业规模、惠及人口规模等方面继续呈增长态势。

旺盛的文化消费是文化市场繁荣的集中体现，是文化产业高质量发展的重要基础。当前智能终端的广泛普及和移动支付的快速发展，使人们能够实现基于移动终端开展全新领域和全新场景的文化消费。云音乐会、云录制、云展览、云观影等云场景的大量涌现，让文化消费越来越多地从线下走到线上，扩大了内容产品的传播范围。根据国家统计局 2021 年对全国 6.5 万家规模以上文化及相关产业企业的调查，与数字内容相关的内容及相关产业中的内容创作生产和新闻信息服务领域均呈增长态势，分别实现营业收入 25163 亿元和 13715 亿元，同比增长分别为 9.7% 和 16.7%，位列当期文化产业各领域收入增速的前列。第 49 次《中国互联网络发展状况统计报告》显示，截至 2021 年底，我国网络音乐用户达到 7.29 亿，短视频用户达到 9.34 亿，网络游戏用户达到 5.54 亿，网络直播用户达到 7.03 亿，其中游戏直播、体育直播、真人秀直播及演唱会直播用户分别达到 3.02 亿、2.84 亿、1.94 亿和 1.42 亿。近两年，数字内容服务平台出海初获成功，抖音海外版 TikTok 在 2022 年第一季度的全球月活用户超过 15 亿，快手海外版 Kwai 在全球近十个国家和地区上线，助力我国数字文化产业走向世界。数字内容产业的蓬勃发展，不仅满足了人民群众的精神文化需求，也为经济社会发展提供了助力。

⊃ 数字内容与各领域融合创新

数字内容产业在新技术、新应用的驱动下，打破了现有的产业边界，与其他产业实现多维互动、融合发展，进而为经济社会发展提供了新动能。在线教育是科技、数据、数字内容与教育的相互融合，出版业、动漫业、玩具业和在线教育的融合则是重要组成部分；将 AI 技术应用到教学环节，拓展形成全方位、多维度的教学应用；部分在线教育企业依托作业大数据、学科大数据、用户大数据。电子竞技是体育、游戏、直播互相融合的重要方向，内容输出以游戏企业为主，传播以各大直播平台为主，体育方面注重与体育赛事、体育品牌开展长期合作。"互联网＋旅游"的消费模式逐渐兴起，智慧旅游成为大众消费娱乐文化产品的重要内容，短视频和直播为旅游业提供了强大的引流能力；影视、动漫、演艺、文化创意等业态和旅游业加速融合，丰富了旅游观光者的消费体验。

第 6 章

促进数字产业化健康发展的建议

数字产业化发展的道路不会一帆风顺，我们需要正视发展过程中出现的问题并积极应对。完善数字产业化政策环境，加强数字货币监管；加强基础研究和技术创新，推动数字产业发展；加快培育数据要素市场，释放数据要素活力；积极发展新型商业模式，规范平台企业运营。这样才能促进我国数字经济健康有序发展。

6.1　完善数字产业化政策环境，加强数字货币监管

为了促进数字产业化健康发展，我国需要进一步完善地方数字产业发展的政策环境，在地方规划中积极引导数字产业，同时也需要进一步加强对数字货币的监管。

（1）完善地方数字产业发展的政策环境

根据《中华人民共和国国民经济和社会发展第十四个五年规划和二〇三五年远景目标纲要》（简称《纲要》）的要求，在地方"十四五"规划及相关政策文件中加入推动数字产业化发展的相关内容。根据《纲要》的要求，建议地方政府可以重点在以下方面发力：引导培育壮大人工智能、大数据、区块链、云计算、网络安全等新兴数字产业，提升通信设备、核心电子元器件、关键软件等产业水平；构建基于新技术新应用的应用场景和产业生态，在智能交通、智慧物流、智慧能源、智慧医疗等重点领域开展试点示范；鼓励企业开放搜索、电商、社交等数据，发展第三方大数据服务产业；促进共享经济、平台经济健康发展。

（2）建立健全与数字人民币相关的法律法规

新修订的《中华人民共和国中国人民银行法（修订草案征求意见稿）》（简称《草案》）只简单明确了"人民币包括实物形式和数字形式"，建议《草案》

在后续修订过程中进一步细化有关数字人民币的内容。建议国家逐步推动立法，将 DCEP 纳入人民币框架体系，明确其法律地位、市场地位及法偿性；出台关于数字货币发行、数字货币流通、数字货币安全、数字货币管理等具体问题的规章、规范性文件。例如，对于大额交易，数字货币交易平台需要对客户身份进行视频验证、现场验证，并且及时将无法识别的可疑交易信息报送央行反洗钱中心备案。同时，建议国家有关部门制定数字货币危机应对机制及应急预案，防范可能出现的商业银行挤兑风险、货币信用扩张风险等，规避系统性金融风险。

（3）探索和完善数字人民币的"监管沙盒"

"监管沙盒"是指在 DCEP 的试点测试中大力推进金融监管创新，通过不断丰富数字货币场景应用进行试错和迭代，选取成熟的监管框架逐渐完善数字货币的多元化监管体系。建议国家有关部门允许符合条件的金融机构、金融控股公司、金融科技公司参与数字人民币研发，参与全球数字货币竞争；在制定政策时，以防范化解风险为重点，以守住不发生系统性风险为底线，有效防范可能由数字人民币引发的系统性金融风险；积极将区块链、云计算、人工智能等各种金融科技转化为监管科技，应用到数字人民币的监管中，构建基于大数据的数字人民币监管框架。

6.2 加强基础研究和技术创新，推动数字产业发展

为了促进数字产业化健康发展，我国需要进一步加强基础研究和技术创

新，加快关键技术创新突破，培养数字经济专业人才。

（1）加强数字产业化基础研究

建议国家有关部门重视高校和科研院所的基础研究工作，构建原始创新、技术研发和成果产业化为一体的科技服务体系和成果转化链条；建议高校、科研院所等机构围绕国家重大战略需求，加快关键共性技术、前沿引领技术、现代工程技术、颠覆性技术等创新突破，瞄准国际科技前沿加强基础研究，增强原始创新能力；建议教育部门加强高校数字经济学科专业建设，发挥学科引领和带动作用，加大经费投入，开展高水平科学研究；建议国家有关部门鼓励企业深度参与高等院校数字经济相关人才培养工作，从培养目标、课程设置、教材编制、实验室建设、实践教学、课题研究及联合培养基地等各个环节加强合作，推动高等院校与科研院所、行业企业协同育人，定向培养数字产业人才，建设协同创新中心。

（2）强化数字产业化科技创新

建议国家加强科技创新，加大科技投入，争创世界一流的国家实验室，建设制造业创新中心和创新服务综合体；完善科技创新体制机制和创新环境，深化科技创新体制机制改革，推进科技创新要素市场化配置，实现人才、资本、技术、信息等科技创新要素的自由流动，提高科技产出效率。建议行业主管部门组织实施一批重大科技基础研究、科技攻关和示范应用工程，力争在人工智能、大数据等领域形成一批重大创新成果，努力掌握科技和经济发展的主动权；组建创新型研发企业，突破技术瓶颈，加大对技术研发的资金倾斜力度，培育数字技术研发新动能。

6.3 加快培育数据要素市场，释放数据要素活力

为了促进数字产业化健康发展，我国需要进一步加快培育数据要素市场，加快数据确权相关探索，推动完善数据交易体系，提升全民数字技能和数字素养。

（1）加快数据确权相关探索

建议国家逐步探索数据确权相关法律制度，明确数据定位、归属内容和主管范围，促进数据合理有序地进行开放共享、交易流通和权益分配。建议数据确权相关法律制度按照数据权利归属确定可流通数据的范围和流通规则，将数据权益在数据所有者、开发者和使用者之间合理分配，防止部分市场主体独占数据收益、加重数据垄断。同时，建议国家有关部门健全敏感信息保护、个人信息安全事件报告及责任追究、个人信息安全认证等制度，规范企业对个人信息的收集、使用、共享和处理行为，强化个人对其信息的控制和决定权利。

（2）推动完善数据交易体系

建议国家有关部门和地方政府加快培育数据要素市场，提升社会数据资源价值，逐步建立数据资源产权、交易流通、跨境传输和安全保护等基础制度和标准规范，推动数据资源开发利用。建议地方政府在数据确权的基础上创新数据交易方式，探索采用大数据交易所、数据信托、数据经纪人的方式开展数据交易；建立数据价值评估体系，制定数据交易定价标准；加强数字社会、数字政府建设，提升公共服务、社会治理等数字化智能化水平。建议国家层面积极

完善数据开放共享制度，明确开放共享的数据种类和实施细则，扩大基础公共信息数据有序开放，建设国家数据统一共享开放平台。

（3）提升全民数字技能和数字素养

在《习近平谈治国理政》第二卷中，习近平总书记强调"着力解决发展失衡、治理困境、数字鸿沟、分配差距等问题，建设开放、包容、普惠、平衡、共赢的经济全球化"。提高数字素养是数字经济发展的重要基础，是消除数字鸿沟的关键，我国应设法实现信息服务全覆盖，提高全民的数字技能。针对这些问题，本书提出以下三点对策建议。

① 扩大数字基础设施覆盖范围

建议国家有关部门持续加大对落后地区的固定宽带网络和移动通信基站建设投入，并给予充分的资金和技术援助，包括数字基础设施建设的贷款和利率优惠、数字技术专利的适度共享等。

② 降低宽带和移动流量套餐资费

建议行业主管部门有序开放电信市场，以市场化竞争倒逼电信企业提高运营效率，降低服务资费；鼓励电信企业面向贫困学生等用户群体提供定向流量优惠套餐，面向中小企业降低互联网专线资费。

③ 强化数字教育和数字技能培训

建议国家有关部门针对信息技能相对薄弱的老年人等服务消费群体，普及信息应用、网络支付、风险甄别等相关知识，逐步培育群众新型服务消费习惯，将数字素养培育融入家庭教育、学校教育、职业教育、社会教育中，打造全方位的数字素养培育模式。

6.4 积极发展新型商业模式，规范平台企业运营

为了促进数字产业化健康发展，我国需要积极发展数字经济新业态，加速提升产业供给能力，加强平台企业反垄断治理，规范平台企业运营。

（1）培育新型数字商业模式

建议国家有关部门推动数字技术创新和数字产品生产，发展数字经济新业态，促进形成新的消费动能和产业体系；加速提升产业供给能力，利用物联网、大数据、云计算、人工智能等技术推动各类数字产品智能化升级；丰富数字创意内容和服务，发展数字文化产业，培育新型商业模式；充分利用数据资源，进行个性化定制、智能化生产、网络化协同、服务型制造等新模式新业态创新，推动形成数字与实体深度交融、物质与信息耦合驱动的新型发展模式，进而促进新兴领域业务创新增值，提升企业核心价值；培育数字内容创作和知识分享的平台型企业，鼓励内容平台企业开展数字创作、审核监管、网络分发、信息安全等技术自主研发，推动物联网、大数据、云计算、人工智能等技术的应用落地和深化发展。

（2）加强平台企业反垄断治理

建议国家有关部门完善对平台企业的垄断认定标准，预防和制止平台经济领域的垄断行为，加强对互联网平台不正当竞争行为的监管；制定反数据垄断基本原则，建立算法治理和监管规则，明确算法设计者、控制者及相关利益者的义务，防止数据和算法被滥用。建议国家市场监管部门对传统反垄断执法模式取长补短，结合数字经济的特点，在数字服务提供商的申报、审查、附加条件等方面探索监管新模式。建议国家网信部门加强互联网平台的合规性监管，

重点打击借助数字技术发展黑色或灰色产业链的行为；加强对各平台内容发布的监管，对互联网平台上疑似舆论操控、指引风向的发布内容进行动态监测与收集。建议国家有关部门进一步保护平台经济领域相关劳动者的合法权益，促进平台经济劳动关系和谐稳定发展。